少林禅医说养生系列

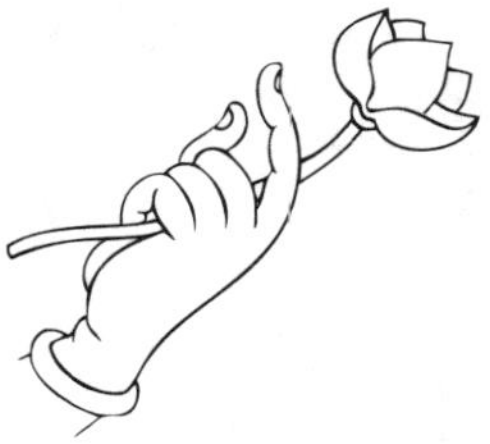

静坐禅

流传千年、热遍全球的长寿秘诀

禅一　著

SPM
南方出版传媒
广东科技出版社
·广　州·

图书在版编目（CIP）数据

静坐禅：流传千年、热遍全球的长寿秘诀/禅一著. —广州：广东科技出版社，2014.10（2024.1重印）
（少林禅医说养生系列）
ISBN 978-7-5359-5966-9

Ⅰ. ①静… Ⅱ. ①禅… Ⅲ. ①禅宗—养生（中医）—基本知识 Ⅳ. ① B946.5 ② R212

中国版本图书馆CIP数据核字（2014）第204000号

JINGZUOCHAN：LIUCHUAN QIANNIAN、REBIAN QUANQIU DE CHANGSHOU MIJUE

出 版 人：朱文清
责任编辑：吕 健 曾永琳
封面设计：林少娟
封面漫画：扬 眉
责任校对：罗美玲 杨崚松 陈 静 谭 曦
责任印制：彭海波 何小红
出版发行：广东科技出版社
（广州市环市东路水荫路11号 邮政编码：510075）
销售热线：020-37607413
https://www.gdstp.com.cn
E－mail: gdkjbw@nfcb.com.cn（总编室）
经　　销：广东新华发行集团股份有限公司
排　　版：广州市友间文化传播有限公司
印　　刷：佛山市浩文彩色印刷有限公司
（南海区狮山科技工业园A区 邮政编码：528225）
规　　格：787mm×1 092mm 1/16 印张11 字数220千
版　　次：2014年10月第1版
2024年1月15次印刷
定　　价：39.80元

序

建于北魏孝文帝太和十九年（公元495年）的少林寺，为中国禅宗祖庭，亦为中华民族武学创始之地。达摩面壁，肇创禅宗；寺僧佐唐，弘传武学。少林寺建寺1 500余年来，历代高僧续佛慧命、薪火相传，严格保持着佛教的传承法脉，为中国佛教的律宗、禅宗奠定了基石，为佛教的中国化和中外文化的交流、融合、创新作出了开拓性的贡献。同时，少林寺还历史性地形成了博大精深、个性鲜明的少林文化体系，而少林功夫文化、少林禅医文化等皆是少林文化体系的重要组成部分。

众所周知，僧人们的修行，需要健康的身体做基础，“身体不行，修行也不好提高”。而修炼少林功夫，则能够强身健体。少林文化的一禅一武，一静一动，对统一身心和谐是最有效的途径，因此少林寺主张通过禅武修炼达到身心和谐，而人的身心和谐，也就是健康的根本。

少林寺的养生是在参禅的基础上建立起来的。少林寺建寺之初，众僧长期静坐不动，影响了全身血液循环，造成筋络不畅，久瘀成疾。不仅有碍身体健康，还难以对付山林中的猛兽威胁和盗贼侵犯。于是，僧人们在学禅的同时开始习武，并充分利用嵩山丰富的药材资源，吸收有效的民间医疗方法，不断积累用药经验，逐步形成了许多秘方。僧人们在练武的同时，发现许多功法具有健身和医疗的双重作用，又逐步推演出了气功疗法、推拿疗法和点穴疗法。

在少林功夫成为僧人们学佛修禅的方式以后，僧人们又反过来将自己佛教徒的生活方式和精神追求，用以修习少林功夫，寓静于动，使少林功夫的内涵和品质得以提升，达到“禅武合一”的境界，使得身心协调一致，“心无所住”。而佛门医学养生理论是建立在“根（生理）—识（心理）—尘（社会环境）”三者相统一的医学模式上的，与现代医学发展颇有共通之处。少林功夫正好符合这一养生模式，既能调整身心，又能解决内心的烦恼与魔障。所以说，习练少林功夫不仅仅能强身健体，亦具有“防病，诊病，治病”的养生价值。

最后，衷心地感谢长期以来关心和支持少林文化事业发展的仁人志士，并希望大家继续关注、支持少林文化事业，共同开创少林文化事业新局面。

是为序！

释永信

嵩山少林寺方丈室

前言

记得刚刚接触功夫的时候，初入门的练习就将我满脑子飞来飞去、人剑合一的浪漫概念打得无影无踪，拉筋、劈叉……痛得两眼泪花，走路都走不成，接着就是枯燥得不能再枯燥的基本功练习，天天的弓马仆虚，天天的正踢腿、侧踢腿，进而又是重复再重复的套路动作，常常是大汗淋漓而不得其真意，曾经几次有甩手放弃的想法。

年少长，对中国传统武术的认识又进了一层，其中让我感触最深的就是禅修里的静坐。

静坐姿势看起来极其简单，似乎没有什么出奇之处，但只要时间稍长身心便如猿猴被拘，浑身瘙痒而难以忍受，心潮澎湃而外在若静。这实在是又一种别样的痛苦。然而久而久之，却渐渐得其真并慢慢领悟中华功夫的意义所在：不尚争强斗狠之专门技术，而是通过艰苦而系统的训练，将自身的心智磨炼到一个相对圆满的地步。

在练习静坐期间，我的体验是自我的约束需要有一个阶段性的训练，等到形成习惯，心性自然会发生变化，某一时会忽然对自身和世界的看法发生全新的改变。

正是这段时间，为我的人生奠定了基础。所以我很庆幸能够列入少林门墙，接触到纯正的少林功夫，并在练习功夫的过程中，接触到禅宗祖庭少林寺的核心部分——禅。而在禅的庞大体系中能够被普通世人所受用的最浅显的无疑就是静坐。

随着心性的变化，静坐逐渐成为我研习功夫过程中不可缺少的一部分，虽天性拙劣，但是铁杵打磨日久，慢慢地自己也会有一些心得体会。随着在红尘中推广中国传统文化的过程，静坐和禅也渐渐在我的教学中出现了。

然而，根据我的讲学体验，完全照搬寺院的静坐修行模式在大众的社会生活中是行不通的，也很难让人们去接纳并且研习它。于是冒天下之大不韪，我对静坐方法进行了一些改装和变化，使之变得更加易于接受，而且在极短的时间内能让学习的人从中得到益处，并且不至于在离开老师的指导之后误入歧途。

深入经藏，多年实践，访名师，寻道友，这个静坐体系慢慢清晰起来，在实践中被认可的程度也越来越高。这时候一个新的问题出现了，就是一己之力实在难以大面积普及，而现实生活当中，很多人被生活的压力压得喘不过气来，但又始终不能找到排解和疏导的方法，不能从自身根上找到解决的答案，所以在这个时候一个大胆的思想萌生出来：那就是勉力写一本关于静坐的书，让大家能够按图索骥，不求能够让大家有多深的造诣，只愿从练习中能够获得身心的全面健康、自我人格的逐步完善，从而使生活更加安详平静，周围呈现和谐之态也就够了。

假如通过本书，有人会受用，善哉善哉，对我来说就是一件大功德了。

禅　一

壬辰年壬子月癸丑日于嵩山少林寺锤谱堂

目录

你需要学习静坐

静坐：准备篇

静坐：练习篇

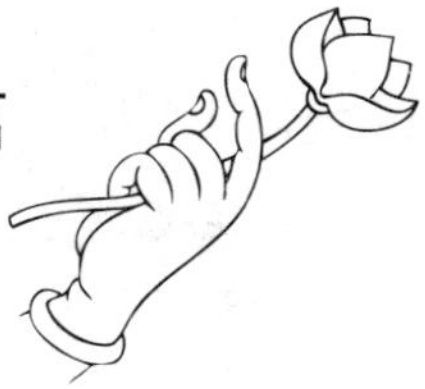

静坐：结束调整篇

静坐：练习要诀篇

附录：先贤静坐心悟集萃

你需要学习静坐

你需要学习静坐

一提静坐，不了解的人以为我要讲一种抗议的行为，其实我所讲的静坐是一种流传千年调养身心的方法，它自古以来就是儒、道、佛家都十分重视的一项修身功夫：道家求坐化升仙，佛家求禅修入定，而儒家静坐则如朱熹所言“非如坐禅入定，断绝思虑，只收敛此心，使毋走于烦思虑而已。此心湝然无事，自然专心”，要求学者“半日读书，半日静坐”。

由于静坐简单易行，长期练习对身心调节效果明显，从古而今，一直深受人们的喜爱。

唐代大诗人白居易晚年病羸缠身，他在服药治疗的同时，坚持静坐养生，以致“中宵入定跏趺坐，女唤妻呼多不应”，以此祛病延年，终享遐龄。

北宋大文学家苏东坡记述他修习静坐法的体会说：“其法至简易，唯在长久不废，即有深功，且实行二十日，精神自已不同，觉脐下实热，腰脚轻快，面目有光。”从中可以看出苏东坡练习静坐已经有了相当的功夫。

插段题外话，历史上著名的静坐故事就跟苏东坡有关。

有一天，自觉静坐修禅颇有心得的苏东坡作了一首禅诗：“稽首天中天，毫光照大千，八风吹不动，端坐紫金莲。”感觉非常良好，立即叫书童送呈好友金山寺佛印禅师处，以待好评。

结果，佛印在诗后批了“狗屁”二字，交与书童持返。

苏东坡见了佛印的批，气得七窍生烟，立即命人雇船过河到金山向佛印问罪。

佛印早知苏东坡名心还存，见批就会来问罪的，所以当书童去后，即书二语于门首："八风吹不动，一屁打过江。"闭门不开。

苏东坡见了二语，不禁哑然失笑：看来我的静坐功夫还是不到家啊。

南宋爱国诗人陆游修习静坐养生法，收效更大，直至晚年仍精力过人。年近90岁时，他还高兴地在《戏遣老怀》诗中写道："已迫九龄身愈健，熟视万卷眼犹明。"

近代文坛巨匠郭沫若也是静坐养心的推崇者。他1914年留学日本时得了严重的神经衰弱症，彻夜不眠，且头脑昏聩不堪，常常读书读到第2页就忘了第1页，甚至读到第2行就忘了第1行。后来，他在东京旧书店偶然买了一部《王文成公全集》，读到以静坐养病的方法后开始试学，早晚各静坐30分钟，2周后便出现奇迹：整夜酣然入睡，头昏心悸顿消，记忆力恢复正常。从此静坐成了郭沫若先生去除疲劳，使大脑清醒的法宝利器。

静坐养生的效果从中可见一斑。

不只在中国，如今这股"静坐"热已经风靡了美国、英国等国家和地区，希拉里、戈尔、NBA湖人队教练杰克逊等都是静坐爱好者。

在美国不少政府机构、公司、学校、机场甚至监狱，都开设了静坐室。西方很多人还会在自己的家中专门腾出来一个房间设为静坐室，他们普遍认为静坐不单单带给他们的身体上的健康，最主要的是精神上会更加平静安详，注意力会变得更加集中，工作也会更加高效。

你为什么需要静坐

很多人在接触静坐之初，心里都会产生这样的疑问：我为什么需要静坐?我的一个学生当初也是这样。

大约是 2 年前，我的一位学生来找我，说："禅一老师，我最近老是睡不好，白天又没精神，头发还老掉，怎么办？”

我一问原委，原来她最近忙着晋升考试，天天晚上熬到凌晨1点才躺下，而且躺在床上要辗转差不多 1 个小时才能睡着，早上也醒得很早，经常凌晨5点刚过就醒了。白天没精神，经常喊头晕、口干，脾气还特别暴躁，稍不如意就爆发了。

我又问她：“考试之前也这样吗？”

她说：“不是啊，基本上躺床上一会儿就能睡着，只是爱做梦，一个梦接一个梦，都能做成一部连续剧了。”

我一边仔细听着，一边给她摸了摸脉，心里其实差不多有底了：她这种情况，明显是因为近期精神紧张、压力大，心火上浮导致的。

我跟她说：“你最近的情况主要是心理原因造成的，跟我先练 2 周静坐吧，每次坐30分钟，早晚各1次，保管有效。”

她本来是想找我开点药的，现在看只是让她坚持做个简单的动作，明显半信半疑。但出于对老师的信任，还是回去认真练习起来。

大约刚过 1 个星期，她突然打电话过来：“禅一老师，我刚做了 5 天，晚上躺下就能睡着了，这几天晚上睡得都很好，好像连梦也少了一些，真是个好方法。”

我告诉她，既然有了效果，以后每天都坚持静坐一下，保证会获得更大的益处。

现代都市生活中，像我这位学生的人简直太多了。

这些职场中打拼的“杜拉拉”每天都像上满发条的闹钟，紧张、焦虑、忧愁、烦闷充斥内心，却始终没有找到一个真正解脱自己的方式，那么我今天就建议大家每天参与一下静坐，因为它真的可以帮助你解除目前遇到的困惑。

假如你是一位容易精神紧张的人，静坐能使你学会放松，使紧张的情绪松弛下来。

假如你是一位容易心生烦恼的人，静坐能使你看清烦恼的本质，自己找到解除烦恼的办法。

假如你正为患某些疾病而苦恼，诸如神经衰弱和精神障碍，静坐可以刺激心和身体的正能量，使你重获健康。

假如你是一位不服输、过分要强的人，静坐会使你学会如何控制自己的欲求，进而能够张弛有度。

假如你是一位被生活压得抬不起头、被世间种种问题所困扰的人，静坐能让你增强勇气去面对并克服它们。

假如你是一个缺少自信心的人，静坐能让你获得自我肯定的力量，真正地从内心强大起来。

假如你因为遭遇挫败而感到悲痛，这是你对人生和宇宙的无常缺乏正确认知，静坐能真正地引导你走出悲伤、找到欢乐。

假如你是一位富有的人，静坐能让你了解财富的原来面貌，并且帮助你如何去使用财富。如此不但使你自己得到快乐，别人也会得到快乐。

假如你是一位心眼比较小的人，静坐会让你变得更加平和宽容，如此将有益于朋友与家人，避免你们之间的误解及争执。

假如你是一位有智慧的人，静坐将引导你得到无上的智能，那时你将会明白一切事物的事实真相，而非我们所看到的表相。

习惯了静坐，你会获得诸多殊胜

静坐可使人体气血通畅，增强抵抗能力，改善人体细胞能量，激发生命活力。

静坐能从根本上调理一些疾病，如心脑血管疾病，风、寒、湿、邪引发的综合征，神经疾患等。

静坐可使你心性逐渐光明，心胸开阔，心平气和。

静坐充分放松时，脑细胞的气血供应会得到空前的补充，这时候你会发现自我觉察力大幅度提升，更加自尊、自爱、自信。

静坐能使你的脑神经继续保持静和定的清新状态，缓解压力，减少焦虑、紧张，使你更能适应周围环境，充分体验生活的快乐。

静坐能使你的身心意识越来越光明，开启智慧源泉，增进思考力、判断力、意志力、创造力。

静坐会生发出无限的安乐、喜悦、幸福，这种喜悦、幸福是语言无所表达的。

静坐能使你更加了解和接近生命本来面目，消融内心世界的烦乱，抚平生命中精神与肉体的伤痕。

静坐——回归生命本来的喜悦

心不同于琴弦，无须刻意去调，本来与自然和宇宙就是同步的，也就是所谓的天人合一，都是由“自性”来弹奏。但是现在大多数人的心为外在的世界所波动，要回到生命本来的境界里，并不是一件容易的事情。

我曾经遇到过这样一个病例。

一位商人模样的中年男子经别人介绍来到我的诊室，看上去就状态不佳。

我问他哪里不舒服，他指了指心脏。

我说，“心脏病吗？什么症状呢？”他苦笑一下，摇了摇头。

那是因为什么呢？我仔细地打量着他，脸色很差，嘴角起了很多小泡泡，便问他：“是操劳太多了吧？”

他点点头，叹了口气说：“是啊，现在生意不好做，碰上经济危机，股票全套牢了。本来指望着今年高升的，但是公司的业绩也不好，我被裁员了，你说倒霉不倒霉。最难受的是，我还要每天瞒着妻子，早上7点上班，下午5点下班，天知道我自己过得有多苦，这10个小时是怎么打发的！”

听他这么说，我也有点同情他了。

“所以，我每天都觉得郁闷，怎么自己这么不顺利？弄得我每天吃不好，睡不好，脾气非常烦躁，可还是要压抑自己别发火，别在妻子面前露出破绽。可有的时候，晚上一个人睡不着的话就会一个劲地叹气。你看我嘴角，口腔里全是泡。”他像遇到知音一样，大倒苦水。

“确实也是，碰上经济危机，谁能有什么办法！不过，你也不用自己一个人扛着，说出来，会好过点，时间长了，别把身体憋出什么问题来。”

“可不，最近这段时间我感觉自己胸闷，老觉得喘不上气来。”

我们的心本来应天生就具备两种功能，一种用来认识我们外在的世界，一种用来认清我们本身。但是很可惜的是，大多数人一生当中却非常吝啬拿出来一点来思索一下自身，于是将自己在社会中的满足感都建立在对外在世界的征服上面。当外界境遇顺利时，就全面肯定自己，产生强烈的满足感；当外界境遇不顺利时，马上就会苦恼消沉，甚至会一蹶不振，进而全面否定自己。

心病还须心药医，我教了他一个方法，就是坚持静坐的练习。

静坐的练习就是要把我们对外在世界的关注收回到对内在自我的觉察上，不依赖外在世界的得失去确定“自我”的定义，让我们的心灵培养出独立于世间、超然于物外的态度。当我们被烦乱的人或事纠缠的时候，自己的心灵能够升腾起超脱的力量，不被外境所熏习和干扰，依然保持在清澈、宁静的境界里。一个人能够做到平衡地关注内在自我与外在世界，就能回归生命本来的喜悦。这也就是我一直在推崇现代生活中的人们学习静坐的最关键原因。

令人高兴的是，随着病人心情越来越平和，他不但找到了新的工作，而且股票也一片“艳阳天”，看来老天也是眷顾积极的人啊。

静坐之间放下贪、嗔、痴

佛家中的三毒称为贪、嗔、痴。

贪是指染着于色、声、香、味、触五欲之境而不愿意舍弃的心理活动。我们生活在人世间，以眼、耳、鼻、舌、身等器官与外界相接触，产生色、声、香、味、触等感觉。这些感觉能引起我们的利欲之心，因此叫做五欲。对此五欲产生深深的喜爱并且产生占有之心就叫做贪。佛教认为，贪是产生一切烦恼的根本，所以将贪列为根本烦恼之一。

贪可以分为很多类型，从广义上来讲，贪食、贪睡、贪得其实都是贪，很多自认为是美好的东西其实恰恰是我们在错误地追求，这些贪只要累加下去形成一种坏的习惯，都会对我们的身心造成损伤。比如我们明明知道晚上不能进食太多，进食太晚，但还是抵抗不了美食的诱惑。我们一次又一次地放纵自己，久而久之会因为过多的摄入使身体产生不应该得的疾病，比如现在比比皆是的文明病、富贵病，如高血压、高血脂、高血糖等病症均跟贪食有莫大的关系。

嗔的产生与作用与贪正好相反。贪是对事物的喜好而产生无餍足地追求和占有的心理欲望，嗔却是因对众生或事物的厌恶而产生愤恨、恼怒的心理和情绪。佛教认为对违背自己心愿的他人或他物生起怨恨之情，会使众生身心产生烦恼、不安等负面情绪，不但对自身健康有极大的坏处，而且对于他人或社会而言也是祸害连连。因嗔怒他人而起仇恨之心，愚钝之人便会发生争斗或导致互相残杀，轻者危害一人一户，重则使整个社会乃至整个国家陷入灾难。最可怕是嗔毒到心者，阴险狡诈，一旦将这种心魔释放出来，祸害的不是一代两代人，这个在历史上都有所表现，在此不再细说。因而《大智度论》卷十四中说，嗔恚是三毒中最重的，其咎最深，也是各种心病中最难治的。

痴又作无明，指心性迷暗，愚昧无知。不知道在人世间哪些是重要的，哪些是应该舍弃的，从而使人生出种种烦恼。世事纷纷扰扰，均由无名，也就是没有智慧所引起，所以一切烦恼都因为痴而所产生。

人们在忙于生活、工作之余，不知道怎么能够安定思想、降伏烦恼，甚至会进一步滑向贪得无厌、纵欲忘身的境地。这样处处与自己过不去，神志必然涣散，气血也会失去调和，因此往往遭受疾病的折磨，这是一件非常令人痛心的事情。

中国传统医学在讲到人为什么会得病的时候，也会分为内因、外因和不内外因。其中内因被认为是导致人生病的最关键因素，特别是人的七情——喜、怒、忧、思、悲、恐、惊。喜则气缓，易伤心；怒则气上，易伤肝；悲则气消，易伤肺；思则气结，易伤脾；恐则气下，惊则气乱，二者皆会伤肾。所以一个人的情绪常常变幻不定，最容易出现内脏功能失调，导致疾病的产生。

静坐就是我们对抗贪、嗔、痴的法宝利器。若能万缘放下，透过静坐调身调心，不仅有助于疾病的治愈，同时也能达到强身以预防疾病的积极作用。

现代医学研究也证明这一点，人在静坐的时候，会分泌出一些有益的激素、酶和乙酰胆碱，这些物质能把血液的流量和神经细胞的兴奋调节到最佳状态。相反终日郁闷忧伤，贪嗔痴慢，就会使这些有益激素分泌紊乱，内脏器官功能失调，引起血压升高，造成冠状动脉闭塞，进而引起心脏疾病的发生。

现代研究还表明人在静坐放松的状态下，脑电波多数是α波，其震荡频率范围8~14赫兹，这时人的大脑清醒而放松，注意力呈聚焦状，容易集中精神，不易受外界其他事物干扰，心理状态则是安静、轻松、愉快和专注。而且在这种状态下，人的身心能量耗费最少，相对而言脑部所获得的能量较多，脑的活动就会顺畅，人会变得直觉敏锐和富有灵感，更容易感受快乐。由此可知，静坐对人的身心有百益而无一害。

人在静坐时，“致虚极，守静笃”，可以有效地摒弃使人增添无数烦恼的七情六欲，平衡纷乱的心态，使头脑极度清醒，生发出诸多潜在的聪明智慧，这就是所谓“定能生慧”。曾子在《大学》中指出：“知止而后有定，定而后能静，静而后能安，安而后能虑，虑而后能得。”所以我们周围的知识分子或者是一些需要创造性思维活动的人们，经过静坐的练习往往会产生不可思议的智慧。

我国文坛巨匠郭沫若活了87岁，这与他一生中常习静坐是分不开的。他曾意味深长地这样讲过：“静坐于修养上是真有功效，我很赞成朋友们静坐。我们是以静坐为手段，不以静坐为目的，是与进取主义不相违背的。”

静坐1小时等于睡眠4小时

情绪紧张是百病之源，每当一个人的生活受挫或其他急难事件发生时，都会产生压力感而使脑内受到极大的刺激，这时最好的治疗方法就是静静地去休息。可是休息时，身体虽在静态，思想却无法完全静下来。头脑仍在继续不断地运作，以致长年累月地积攒疲惫，使情绪不能安定，睡不着，梦又多，容易醒，很多人依赖服用安眠药来作助睡的救济。

很多找我看失眠的病人经常会讲共同的体验，服药时间愈久，用量会愈多，依赖性也越强，于是后遗症也就接踵而来，诸如肠胃病、内分泌病、血管疾病、呼吸系统疾病、皮肤病、性功能疾病、关节与骨骼肌肉病等，都可能发生。

这时候最好的改善办法就是练习静坐，最好每天2次，每次15~20分钟，以使头脑思维冷静，全身肌肉松弛，以默想入静，必能安静烦躁和忧郁的情绪，促进身心调和。

还有一些网友会给我留言“睡眠就是最好的休息，睡好了身心就会健康，又何必练习什么静坐呢？”

然而，根据科学实验报告：当人在睡眠中，一切组织器官的机能，逐渐疲弱，甚至陷于停顿状态。心脏的跳动，也减少20%左右，呼吸虽较清醒时深长，但肺部吸入之量比清醒时少，肠胃消化能力也降低，脑中枢活动效率怠慢，体温及血压亦会降低。

但静坐的生理状况与睡眠不同，静坐时呼吸深长，肺吸入量比没有静坐时多得多，体温上升，胃肠蠕动力增强，消化与呼吸能力提高，所以在静坐中，腹内有雷鸣或放屁的情形，那不是坏的信号，而是功效的体现。同时静坐之后，大小便的排泄也会比以前顺利而量多。由于静坐1小时休息的功效等于4小时的睡眠，可知静坐比睡眠更有利于深度的休息。

用静坐洗涤心灵

瀑布的水带着巨大的能量从上倾泻而下，声势浩荡。一位工程师在研究这种现象之后，建了一座水电站，将水的势能转变成电能，点亮了街道和房屋的电灯，并且使工厂运转；相同的道理，如果我们可以积聚精神能量并好好利用它，不但能使自己感受到安详和快乐，也能服务别人，使整个社会趋于和谐和安宁。

我们很多人采取了错误的方法去寻求安详与快乐，以向外求取的方式来替代向内求取，借着感官的享乐（喝酒、赌博、跳舞甚至吸毒等）来企图消除心中的痛苦，反而愈是耽溺于感官的快乐，就愈成为感官的奴隶，所以如果想以此方法来满足自己，那是走了岔路，因为欲望是永无止境的。假使能控制心，则外界的事物将不再影响我们，当心完全被控制和净化时就不再受扰乱，并且可以看到许多肉眼所无法察觉的东西。

心的训练是获得心清净和解脱的唯一方法，佛陀正是借着这个方法和他个人的经验得到开悟，然后开示了这条路让其他的人跟着走。静坐就是训练心最有效的方法，通过静坐我们会体会到所有的感觉都是由心所创造的；我们也会体会到必须平静及控制这个心，才能得到真正的快乐。

很多人在现实的生活中感到彷徨无奈，甚至有很多人会产生想找一个寺庙去静修出家，其实这都是一种典型避世的想法，不是解决问题的根本方法。在现实生活中，我们在原有生活的基础上，只需要借助静坐的练习，就能够冷静地面对现代生活的压力。不断地练习静坐，将会帮助我们去面对、了解和克服生活上的任何问题。

身体需要清洗、喂食和药物治疗；心也和身体一样，需要借着安静的静坐来洗涤它，用静坐作为无上的药物来治疗它，使这颗心不再有生气、贪念和愚昧无知的疾病。身体需要衣服去覆盖裸露；相同地，心也需要接受训练以避免精神病态的裸露。纯技术的医学治疗，无法有效地帮助人去根除心的扰乱，诸如挫折和忧郁，因为这不是由机体失常所引起的，而是心所造成的，对这个问题的治疗只能从心上入手。

所以，从当下开始，让我们一起静坐吧！

在静坐中修复生命能量

静坐是一种祛病保健、调养身心的修养方法，在静坐中我们平时过度消耗的能量能得到有效地修复，从而使我们的生命焕发出别样的光彩。

曾经有一位家长带着高二的孩子来找我治疗疾病，是因为孩子进入高中以后，由于学习紧张、用脑过度，得了严重的神经衰弱症，彻夜不眠，整天无精打采。他曾经在专业的失眠门诊进行治疗，效果不佳，后来到中医院进行针灸治疗，刚开始效果很好，逐渐又失去了效果。断断续续加起来已经治疗了2年，几乎已经丧失信心，现在孩子学习成绩一路下滑，家长和孩子本人都很苦恼。

我对他进行诊断以后，除了采用常规的诊疗手段，还建议他每天早上起床后和晚上睡觉前练习静坐，每次30分钟。

要求端坐床上，大腿平放，小腿要直，两脚分开，放松腰带.头颈正直，下颌微收，背伸直，两肩下垂，全身放松，闭目闭口，舌尖抵上腭，两手交叉放于腹部，两拇指按于肚脐上，手掌捂于脐下，然后排除杂念（初练时难以排除，以后杂念会逐渐消失，切忌操之过急），主动调整用腹式呼吸，要尽量慢慢地鼓起下腹作深吸气，再慢慢地呼气使腹部恢复正常。

同时，将意识集中在脐下手掌捂处（丹田上），如此便可达到调身、调心、调息的“三结合”境地，进入一种似有似无、如睡非睡的忘我虚无状态，这就是所谓“入静”，会让人感到全身非常轻松舒适。

静坐结束后，两手搓热，按摩面颊双眼以活动气血。

家长听我讲解完后半信半疑，觉得这样有用吗。但是在死马当活马医的绝望状态下，还是答应回去就试试。

一个星期以后，孩子的家长来找我，兴奋异常，忙不迭地说："神了，孩子坐到第3天，晚上就能睡觉了，虽然中途会醒，但比起以前已经是很大进步了。"我也很高兴，建议孩子把静坐当成一种每天的功课去做。

以后每过一段时间，孩子或他的家长就会向我报告好消息，一年后孩子顺利地考上了一所全国重点大学。

人体在受到损伤之后本身就具备自愈的能力，如果患者能有决心，放下万缘，静坐日久，就可以根治很多身心的疾病。

身体上的疾病，如：神经衰弱、气血失调、失眠健忘、消化不良、贫血体弱、阴虚火盛、形容枯槁、消瘦孱弱、肝火旺盛、口干津少、头晕眼花、伤风感冒、冬天畏冷、夏天怕热、风湿骨痛、大便结滞、夜多尿频、高血压病、低血压病、肺结核、胃下垂等。

心理上的疾病，如：愤怒悲伤、忧郁烦闷、恐惧退缩、提心吊胆、悭吝嫉忌、愤恨热恼、精神紧张、性情暴躁、心神恍惚以及种种情欲悲欢等。

归结起来，长久坚持静坐练习，将为你带来诸多殊胜。

练好静坐，全面改善健康，提供人体正能量

静坐时思想专注在一物之上，呼吸变得平缓均匀，通过呼吸进入肺部的空气总量相对稳定，进入心脏的氧气量也相对稳定，从而利于血压的调节。静坐时，心脏的耗氧量比平时减少很多，血液循环的力量自然比平时加强了。有力的血液循环可以帮助我们净化血管中堵塞的物质，让很多长期休眠的血管重新恢复生命的活力。

这样的血液循环经过五脏六腑，能帮助脏腑净化积存的负能量，提升脏腑的自愈功能，特别对于慢性疾病和顽固症状，如高血压病、心脏病、肾病、肺病、脑供血不足、偏头疼、身体沉重、四肢寒冷、

风湿病、爱出汗、盗汗等，具有显著的调节作用。所以即使是短期的静坐，人也会感觉到那种从身体深处升起的轻松、舒适的生命能量，就像身体内部被一双温暖的大手抚摩过一样。静坐的过程中，由于血管的净化、身心的调和，全身的经络得以全面疏通，使气血运行的道路畅通，从而达到固精培元的效果，元气充盈则百邪不入，百病不生。

美国科学家曾经对一批高血压病患者进行过静坐干涉疗法研究，结果发现静坐训练让患者的收缩压和舒张压分别降低了4.7毫米汞柱和3.2毫米汞柱。可见静坐对于降低血压十分有效，从而可以大大降低动脉粥样硬化等心血管疾病的风险，而且不会产生药物副作用。

美国哈佛大学教授和马里兰州大学哈里博士经5年研究后说："静坐对视力、血压、认识功能的激素水平提高大有好处，另可治疗许多不治之症和心脏病、关节炎等慢性病。"荷兰科学家研究也表明：静坐者比其他人患病的可能性低50%，在感染威胁生命重病方面的概率更是低至87%。

练好静坐，快速改善体态，塑造良好气质

快节奏的都市生活，使得我们不仅行色匆匆，平时午餐也和打仗一样，速战速决，而到了晚上因为时间比较充足，马上又变成暴饮暴食，久而久之身材走样，赘肉横生。

其实，暴饮暴食正是压力导致的行为，当你迫切地需要通过食物释放压力的时候，不妨先静坐下来舒缓压力，放松身心，让"大快朵颐"的念头沉淀下来后再进食，这样有助于放慢进餐速度，在细嚼慢咽中品尝食物，食量就会逐渐减小，轻轻松松告别"水桶腰"。所以说静坐加适当地运动是现代人群减肥的良药。

坚持静坐还可以使一个人内在的气质沉静下来，使人在举手投足之间呈现出优雅、恬静、柔和的美感，这种气质是身体、情感、精神

三种能量综合作用于生命的产物。内在的精神越柔，身体被净化得越好，情绪越稳定，外在呈现出来的气质也越美好。

特别提出的是：静坐中的双盘坐姿可以快速地塑造美好体态。双盘被称为禅坐最稳固的坐姿，不但可以稳定身体内部杂乱的气息，更可以快速减掉身体的赘肉，疏通堵塞的经络。练习双盘的人，很容易保持腰部、臀部、大腿和小腿部位的优美曲线，控制身体上半身与下半身的能量平衡。当静坐产生的能量灌注在我们皮肤上的时候，就能帮助皮肤和肌肉净化负面能量，改善气色和肌肉的曲线，是美容最好的良药。

练好静坐，缓解压力，全面释放负面情绪

虽然我们经常忽略身体而空谈精神，却也很少去思考：其实，一切精神产物，包括思想、情绪、感受等，它们都是有生理基础的，那就是我们身体的神经系统。彻底解决精神方面的问题，首先要从身体入手。因为所有的压力、焦虑、紧张、烦躁、不安的情绪，都是先被身体上的神经系统感知后，才被人觉察。而神经系统遍布全身各个角落，如果身体的某个部位病变或堵塞，神经系统接收到的信号也会产生变化，随即给大脑传递不利于生命健康的感受，进而产生负面的思想和行为。

我们不稳定的情绪、思想都不是凭空产生的，而是“因缘作用”的结果。造成它的因缘不只包括外界的人、事、物，还包括身体这个内因，身体的神经系统是情绪和思想产生的生理基础。比如，人在愤怒的时候，给他打一针麻药，麻痹了身体的神经系统，他的愤怒情绪就会立刻消失。打麻药是被动的放松，不是从根本上来解决问题的，而练习静坐是我们主动的行为，会从根本上使我们的神经系统呈现出松弛平和的状态。

静坐就好像是在按摩我们的神经系统，让这个“调皮的孩子”不

再影响我们的情感和思想。在静坐过程中，我们制心一处，位于脑前区域的额叶活动会有所增强，脑细胞会开始分泌脑内啡肽、血清素，这些都是帮助人体神经系统放松、平静的重要元素。许多人通过10分钟的静坐，就能立刻感受到紧张的情绪得到舒缓，烦躁的心情趋于平静。

长久的静坐练习，能帮助我们培养出稳定的心灵力量。美国哈佛大学的医学教授称，练习静坐能降低肌肉的紧张度，减少血清乳酸的分泌。测试表明，每天练习静坐20分钟，持续1周后，练习者的专注力和情绪控制力都有所改进，焦虑、情绪低落、愤怒等负面情绪则大幅下降。不仅如此，静坐训练还可以疏通脑部的血液循环，使脑部反应从“对抗或逃避”转为“接受现实”，从而增进一个人的幸福感。

甘肃中医学院教授周信有在90岁高龄时仍能上班工作，据他讲主要也是因为能坚持通过修身养性及用静坐的方法来调摄精神，培养体内的元真之气，达到防病健身的效果。周老认为：平身端坐，莫起一念，以意领气，引气下行，息息归根，意守丹田，默念安静，可达到意念静止，恬淡虚无的境界。如用现代科学的观点来说，静坐可使繁忙紧张的心态得到松弛平静，使体内压力顿时下降而令身体恢复正常，并能使人体内的温度、血液的酸碱度、血压、血糖、血脂等稳定在一定的范围之内，故可起到疗疾健身的作用。

练好静坐，开启内在智慧，激发无限创造力

静坐时并不是什么都不想，脑部的运作也并没有关闭。静坐练习通常都由集中精神开始，大脑枕叶活动虽然会减弱，但脑前区域的额叶活动却增强了。额叶与人类的智力活动相关联，所以在静坐中人们经常会迸发出灵感，产生新的思路，回忆起曾经被遗忘的事情。长久的静坐会使头脑变得清晰而敏锐，所以小乘佛教讲：“久坐必有禅。”

《大智度论》曰：“菩萨身虽远离众生，心常不舍，静处求定获得实慧以度一切。”如陆游在《好事近词》中写的“心如潭水静无风，一坐数千息，夜半忽惊奇事，看鲸波暾日。”王维在《终南别业》里写的“行至水穷处，坐看云起时。偶然值林叟，谈笑无还期。”写出如此众多形神兼备的盖世佳作，显然与他们常习静坐带来的灵感是分不开的。

获得诺贝尔物理学奖的科学家约瑟夫·森讲：“科学发展到今天，离开了冥思静坐的体验就很难走下去了。”还有一些科学家认为：超觉静思是大脑充分发挥机能的最高技术，它能够巧妙地激发大脑左半球的力量去影响右半球，从而使右脑最大限度地发挥思维能力。印度裔美籍物理学家玛哈里希说：“人学会进入超觉意识状态，内心会变得平静，思想会变得富有成效，并能对环境发出轻快与协调的波。”

科学家进行过实验研究，结果发现人体在超觉静坐时由于思想和全身肌肉放松，心率、呼吸及大脑电波都会变得缓慢并高度有序，此时在身体里就会出现：耗氧量减少、基本代谢率降低、免疫功能增强、全身小血管舒张、血中肾上腺素与其他紧张激素下降、大脑皮质处于保护性抑制状态、神经功能协调统一等一系列生物生理变化。而这些变化对激发活力、强身健体、防治疾病及延缓衰老均有极大的促进作用。

综上所论，静坐的作用不仅仅是祛病延年、开慧增智，而且还对探讨人体生命科学的奥秘，甚至对科学技术的发展及揭开自然界之谜都有着深远的意义和作用。

静坐是锻炼专注力的无上法门

记得刚刚学习中医的时候，由于受原来所学解剖学影响，始终对于“心为君主之官，人身脏腑经络的调整主要在于对心的调整”不能完全理解，后来渐渐从弄刀舞枪转变为禅修静坐，数年之间才有了一些心得体会，忽然间对一些原来不理解的东西豁然开朗。对于中国传统健康模式来说，静坐无疑是一种极为有效而殊胜的健康手段，看起来简单，但坚持练习效果明显。

人身有生理和心理两方面，我们从事中国式锻炼，固然对身心两方面都不可偏废，而心理每每更能影响生理。譬如：内心有所惭愧，顿觉面红耳赤；内心有所忧煎，不觉发白貌悴，这是心理的影响于形体；愉快时五官的见闻等感觉优美，而悲哀时，便完全相反，这是心理的影响于五官；兴奋时食欲便能增进，而郁闷时便减少，这是心理的影响于肠胃；愤怒、嫉妒等不正常的感情出现时，能使血液及各组织中产生不正常的分泌，这是心理的影响于血液，可见心理的力量足以支配我们的肉体。

此外，我们发现往往有些看起来肌肉蛮健壮的体育爱好者甚至一些健美运动员，虽然锻炼筋肉极其强固，但一旦发生不测时疾病便无法抵御，甚至遭遇一个普通的感冒都可能身体垮掉，而一些训练禅修的人群却往往能借锻炼心意的作用来驱除病魔，或虽体质屡弱，但由于心力强毅而能获享高寿，更可见心理潜力的不可思议了。

静坐不但在生理方面可以使血液运行良好，就是在心理方面也能使全身精神归于统一集中，而促使心理的健康发展。心理学家捷普洛夫也说道：“抱着一种平静的态度，是与注意力的分散作斗争的唯一方法”。同时心理既安宁而正常，思想也清明而愉快，自然又能促使气血和平，却病延年。

对于精神上的集中，可以用几个例子来体会。当我们用凸镜摄取日光于一焦点，便能起燃烧功能，这是由于日光在集中之后，就产生极高的热量；又如普通的铁因分子排列杂乱，电流方向互不相同，故磁性互相抵消，而磁铁则因分子依次序排列，电流方向大致相同，便能产生磁的作用。试想一下，连无情的物理尚能这样，何况我们有情的专注力。

我在教学的过程中经常会让学生跟着我做一个小实验，把手掌反过来，掌心朝上，仔细用眼睛注视双掌的掌心，然后掌心相对，闭上眼睛，将意识还停留在刚才看的地方，保持1分钟以上，一般人都会马上有热的感觉。同样用1根食指贴近我们两眉中间，就是印堂穴，把眼睛闭上，想象指头还停留在那个地方，就会有印堂穴十分沉重的感觉，这些都是意志力集中后人身上自然的反应。

我国近代佛学界的老前辈杨仁山居士，早年在旧书铺内发现《楞严经》的时候，被这部经典的内容深深吸引，一直看到天色很晚都没有察觉，后来书铺里的伙计实在忍不住提醒他的时候，他才发觉已是暮色苍苍的上灯时候了，低头再看书，刹那异境，书上的字便看不清了，这正是精神力专注的一个具体例子。苏东坡有诗说：“与可画竹时，见竹不见人；岂独不见人，嗒然遗其身。”只要集中心力，全神贯注在一个对象上，作画便能神化，治学便能深造。所以古人说：“制心一处，无事不办。”又说：“精诚所至，金石为开。”

这使我想起当年在著名书法家张海老师家教拳，与张海先生谈论时，张老说其实我们写字画画也是练气功，也是静坐呀，现在想想这些艺术家能够长寿，跟经常精神内守，制心一处有莫大的关系。

聪明的人不能成功，乃是由于他们缺少坚韧的毅力；许多人不能成功，是因为他们在做一件事情时，头脑还在想着另一件事情。在当今信息时代，能够安下心来专注于你自己想要完成的第一要事的人并不多。你专注及坚持的意志够不够强？这种态度是成功的重要因素，有才华或有能力的人不少，但肯专心一意，坚持到底的却非常少，也难怪成功总是属于少数人。

静坐是训练专注力非常好的方法，能够经常练习，默然静坐澄心一处，逐渐将心中的纷繁复杂的妄念去除掉，日久则随时随地能够将精神力调动起来，发动我们身体上的阳和之气，在自身起到补虚导滞的作用，使身体上的废旧物质顺利排出体外，从而将我们身体上因为先天不足或者后天失于调治而破坏的物质修复起来。

所以在历朝历代进行静坐训练的先贤，凡是静坐训练多年，功夫较深者，都可以在疾患侵袭人体的时候，调动我们身体的专注力来抵抗病魔的侵袭，常常是一场静坐，疾病一扫而光。传说憨山大师多年痈疾，一入定而痊愈，这更是人人具足的“自疗术”的高度运用。

以上是对身病而言。至于心病，由于我们的业习，根深蒂固，不采用静坐的功夫很难改变我们身上的陋习。中国古书尧典记载：“人心惟危，道心惟微，唯精唯一，允执厥中。”所谓人心正是习气之私，道心则是一念之觉，唯精唯一，正是做精神力的集中功夫。

学禅的人，一似照顾参究，念兹在兹，举整个心力集中在一个疑情上，愈集中力量愈充，力量愈充集中的程度也愈加深，等到集中到顶点，忽然一念顿歇便能湛然洞彻，这也就是定能生慧的集中表现。从这里可见精神的集中力量，小之可以康强身体，大之可以明心见性，而下手的方法，从静坐而入不免是一件殊盛的事情。

静坐：准备篇

不可不知的静坐准备

教授静坐时间长了，很多初学的人们不免会觉得我在讲静坐的准备时花费时间过长，显得有点啰唆，但是我还是觉得有必要不断地去强调，因为对于静坐来说，之前的准备工作和以后的结束准备都是很重要的，不单单涉及练功的效果问题，而且对于我们的身心健康也是很关键的，沿着正确的道路去做，习惯慢慢就会升华为一种健康的仪式。经过一个阶段的持续性练习，产生的正能量会在我们的身上发生奇妙的变化，你的身体和心灵会得到全面洗涤，而且是深入骨髓和灵魂的。

静坐前的心情调整

静坐练习之前尽量沐浴更衣，焚香浴手，生恭敬心，这容易更快地进入静坐要求的境界。很多人觉得这是多此一举，但是根据前辈的经验，这是特别重要的，人没有恭敬心，做事情精神力就不会集中，这样就不能专心致志地进行练习，练习效果也不会好。

古代的很多文人在读书之前也是要沐浴更衣，焚香浴手，恭恭敬敬地请出书本的，在这样一种类似于仪式的情况下，人们会将心收拢过来，更加专心致志地去阅读书本，可以想象得到在这种状态下我们阅读的效果都会事半功倍。所以我们的家长让孩子读书、练琴的时候，首先第一件事培养孩子对书本、对琴先产生恭敬心，只有这样才能够让孩子从内心去接受它，而不是因为粗暴强制而产生厌恶。

静坐前后尽量心情平静，不要带着情绪去练习静坐，因为一旦有不良的情绪，就会牵动我们的脏器。比如发脾气，如果是静坐前动肝火，静坐时就难以入定。若在静坐后生烦恼，由于气息仍在细脉中运行，尚未散至粗脉，会引致身体潮热，致人感觉烦躁不安，胸部似有物件梗塞，这种情形，有时会延续数日不散，所以不可不注意。

我们的心像身体一样，对固定的、例行性的工作，做起来会更有效率。所以初期阶段的静坐训练，即使是一位努力且聪明的练习者，也必须投入固定而且有规律的时间来做练习。

静坐的最佳时间

静坐功夫练到一定阶段，即使是在日常生活行、立、坐、卧中都能达到静坐该有的境界。但是刚刚学习静坐的人很容易散漫，所以初学者尽量要在规定的时间进行练习，每一次练习也尽量规定静坐的时间。

静坐最好的时间是破晓、中午及傍晚。据古人的经验，这3个时段是最容易入静且效果也是最好的。其中破晓要比其他2个时段还要好，被称为“ Brahma–muhurta ” ，意思就是神圣的时刻。再者，从身体方面来看，破晓时也有值得考虑的优势。在一天的开始做心灵的练习，经由一个晚上的休息，头脑清新，身体舒适，在此时专心练习，会最大可能得到精神的安详之态及境界的提升。

有工作的人以早晨起床后和晚上就寝前各坐1次为宜。假使每日只能坐1次的人，那么也以早晨静坐最好。

早起静坐最好在起床大小便之后，尤其是排完大便之后，因大便后气易虚，静坐可以大补元气。有些人说我养成别的时间大便了，怎么办？教大家一个小诀窍，早上上厕所即使没有便意，也要去，给自己大脑一个信号，这个时候是我排出体内有害物质的最佳时间，坚持一段时间这个好习惯就会慢慢定型，将来会受益无穷。

晚上静坐可在沐浴之后，因为沐浴后气血畅通，静坐可加速血液运行。

练习静坐的初期，请不要拿别人的标准来衡量自己，不要企图静坐很长的时间，务必以自己能完全专心地静坐为依据来订定静坐时间，这样才比较实际而有效率。当你得到更多经验后，就可以延长静坐时间，然后借着不断地练习，使静坐变成每日生活中的一部分。

开始练习的时候每日抽出些时间，静坐2次，每次渐渐由10分钟增至20分钟，再由20分钟加到30分钟，如果经常一坐能够坐30分钟，大约3个月后身体和精神就会产生明显的变化。

静坐前的身体调整

静坐的时候除非是身体上有疾患，要尽量学习盘腿，盘腿可以缩短血液回流时间，心容易入定。常看到有人在公园运动之后，端坐于石上或椅上，两腿垂下来，双目紧闭，这样的静坐通常效果不佳，极难得到入定功夫，因身心有连带关系，若四肢缩心必宁，四肢舒心必散，其心不易入定。

本来真正练习静坐的人行走坐卧，出入往返都是能够进行正常练功的，但是对于初学者一定先要定下来，把腿能够盘起来，身体定了，心逐渐就能定了，否则容易胡思乱想，最后功亏一篑。

最好能选择一位好的静坐老师

选择一个好的静坐老师是一件很重要的事情，虽然要找一位合适的、好的静坐专家并不是这么容易。

佛教在讲到修行的法门时，提到修行的法门是千千万万的，并不拘泥于一种。这里面就提到人有各自不同的特性与禀质，一位好的老师，能根据每一位学生的特性为他制订合适的方法，并且与他一同观察静坐的进度、评估静坐的效果。当然，多多阅读静坐类书籍或与同道经常交流静坐的经验，也是一条很好的途径。

选择了一种自己适合的方法就像找到了一条适合自己的路，那么往下我们就没有必要惴惴不安地去修正，而是勇猛精进地去走就行了。

将身心沉浸在合适的静坐环境中

在寺院禅堂修习过静坐的人都会有感觉，那里的环境非常适合静坐修行，而且在这种环境中效果特别好，那么我们普通人练习静坐的时候是不是也要对环境进行有效的选择呢？答案是肯定的。

静坐的地点应清净、不肮脏

基本的静坐环境是清净、不肮脏。在人群聚集的地方，比如学校、医院、菜市场、夜市等嘈杂之处，还有蚊虫、蛇类、蚂蚁、爬虫类出没的地方都不适合练习静坐。

当然所谓的清净不是绝对的，而是相对的静，因为在现在都市中想找到很静的地方也不是一件容易的事情，但是很多事情事在人为。

比如我们在装修房子的时候是不是适当地在静坐的房间加上隔音的装置，这样就能够将自已和嘈杂隔离开来，人为地设计一种适合的安静环境。

再比如古人的房间和厕所是分离的，而现在的人们住在楼房中，厕所就在屋子里面，在静坐的时候很难不受到厕所的影响，这时我们要尽量做到不面对厕所，也不要正好背对着厕所。

房间的装饰应利于心情祥和平静

房间千万别装饰一些鬼怪和动物骨头之类的装饰品，也不要装饰带有很强烈的色情、恐惧或邪恶的启发性思维的图案和文字，不然你或多或少会受到那个环境的干扰，而且这种干扰是负能量的。因此要想得到健康、平安、吉祥、和谐，屋子里的装饰物就应该是平安、吉祥、谐和、健康、顺畅等充满正能量的物件。

想获得吉祥，就要去接近吉祥，每天都要面对着吉祥。什么叫吉祥呢？吉祥的神，吉祥的人，都是你应该面对的，它会自然而然地给你带来吉祥的感觉。所以我们的家里面可以养一些金鱼或者种一些有益身体的花花草草，这样能够使我们的心中充满活力和绿色；同样我们也可以装饰一些名人字画或者精美的艺术品，以使我们的心更加的沉静。这些东西看起来是小事，但是久而久之就会宁静我们的心情，使我们在静坐中能够尽快地进入状态。

静坐房间大小应适中

接下来讲静坐环境的合理性，合理性是指静坐房间的空间大小。

首先房间不能太小，如果空间太小，窗户闭得很紧，一点也不透气，要想让屋子里面随时充满对身体有益的新鲜空气就是一件大问题，至少你呼出的污浊之气，又给吸进来了。所以屋子很小，睡觉的人早晨起来的时候会觉得屋子很臭，对不对？这就是重复的呼吸，使原来清新的空气变脏了，浑浊了，所以在这样的屋子睡觉的人早晨起来第一个要先打开窗子透透气。

那么，静坐的房子是不是越大越好呢？也不对。假如把人比作一个能量体的话，越大的房子，当然也会消耗人体越多的能量。当一个人用了太多的能量去填充一个大房子的空间时，对于身体自然是不利的。身体能量消耗多了，自然就会引起体质变弱，那么随之而来的身体健康问题、工作状态不佳问题等等，就可能导致判断力下降，差错在所难免。

很多人选择卧室作为静坐的房间。现代建筑研究人员总结出来的结论是：卧室在15平方米左右，不要超过20平方米为好。卧室是人们得以休息和补充能量的地方。它的好坏，直接影响着人们的体能和精神状态甚至工作效率，同样也对静坐能不能够出效果有着直接影响，所以房间大小甚为重要。

静坐时一定要学会避风

避风是少林寺禅修时时时都要注意的原则。

避风，避得最紧要的叫穿堂风。我们中国人都知道穿堂风，你坐的位置，前面一个门缝，后面一个窗口，一旦打开，形成对流，这个风就像一条蛇一样不断地在穿行，避之不及你是非病不可。

背靠窗户静坐和睡觉，对身体也会造成很大的伤害。因为这个时候我们的身体防御机制处于最弱的状态，最容易受到外来邪气的侵袭，其中风为百病之长，会率先携带寒、湿等致病因素使我们身体受害。这时候我们身体的膝关节、后脑勺、腰部都是容易被侵袭的地方，静坐的人群一定要慎之又慎，防止留下后患。所以，静坐的时候，建议在膝盖等处放一块盖布。

为了避风，你穿的衣服的厚度、屋里的温度要适中。不可以过热，也不可以太冷，一般稍微冷点倒问题不太大，就怕捂得过热，想要透气的时候，不小心就会被风侵入，从而得病。

静坐中非常讲究的五事调和1

静坐过程中非常讲究五事调和，也就是5个需要特别注意和加以专门练习的地方，分别是调饮食、调睡眠、调身、调息和调心。

调饮食

吃是我们身体从外界摄取能量的最关键行为，人是铁饭是钢，一顿不吃心发慌，所以要想在静坐中产生好的效果，平时对于饮食要特别注意。

归结起来，静坐练习期间在饮食方面有6个必须要注意的地方。

第1个是不要吃得过饱，过饱会使我们胃肠呈现出胀满的状态，令人血气贲张，呼吸不能均匀，身体感觉沉重笨拙，全身的经脉运行受到阻滞。大脑因为大量血液分布在消化系统，自身缺少气血而出现昏沉闭塞的状态，或者出现异常的亢奋状态，坐立不安，心烦意乱，难以进入清净的状态。

第2个是与过饱相反的饮食过少，这个少是一个相对的状态，吃饭适可而止，但是也不要长时间饥饿，饥饿过度，体内能量摄入不够，就会造成身体的羸弱，精神不足，意识不清晰、不牢固，思虑无法稳定。

第3个是饮食要清淡，不要过多摄入一些刺激性的食物比如辛辣、煎炸、油腻、腥荤之品，这些食物会使人体气血紊乱，导致大脑昏沉难以进入静坐要求的状态，而且容易使人的情绪难以控制。

第4个需要注意的是饮食不宜。对于一些可能会对身体造成损伤的食物尽量避免食用，比如有脓疮再吃海鲜类的食物，肯定会将陈年老病诱发出来。

第5个需要注意的是不要不按时吃饭，就是吃饭没有规律。比如人一日三餐本有一个固定的进食时间，你却常太早或太迟，或是少一餐、二餐，或是成了一日四餐、五餐，都是不按时食。不按时吃饭的坏处是很多的，经常吃饭不规律，一餐食量必然大增，造成胃肠道负担过重，导致胃溃疡、胃炎、消化不良等疾病；饥饿时血糖降低，会使大脑出现障碍，产生头晕、注意力不集中、记忆力减退、易疲劳等反应，甚至影响大脑功能，导致智力下降。此外，经常不吃饭，胆囊不收缩，长期下去就容易生胆结石，而且对于脾胃的损伤也非常大，可以造成胃黏膜的损伤、溃疡等。

第6个是忌临睡夜食。这个在现代社会生活中非常常见，就是晚上睡觉前大吃特吃，这个对身体的损害是显而易见的，时间越长，肠胃受到的损伤越大，久而久之我们摄入能量最关键的部分就受到了影响，在这种状态下不生病才真的是一件很奇怪的事情了。

以上这六种饮食的不良习惯不但影响身心的健康，而且直接阻碍我们静坐过程当中的效果产生，所以我们在平时的饮食中要注意饮食清淡；按时进食，不随便吃零食；饮食以适量为度，不使自己因为贪恋美食而造成饮食过度。

最后，静坐练习中对食物的选择也是有一定原则的，在本书后文将有专门讲述。

调睡眠

人的一生当中有1/3的时间在床上睡眠，所以良好的睡眠在静坐当中也是很重要的一个部分。

不正确的睡眠通常有两种。

首先是睡眠过多。这会造成我们本该利用大好的时光对身心进行调整的，结果白白浪费在了锦衾之上，实在是可惜。

与之相反的是睡眠过少，没有足够的睡眠时间，白天消耗的能量就不能得到有效的修补，从而造成精神倦怠，疲乏无力，久而久之会对身体造成极大的损伤。

从细的角度来讲调睡眠还可以分为：吃过饭以后不宜马上睡眠，这个比较常见于午饭后，时间长了会严重影响消化功能，而且睡眠以后大脑不但不会觉得清醒反而会觉得昏沉倦怠。刚刚吃完饭睡觉当然不对，其实饿着肚子睡觉也是不对的，本来就饿得没有力气，睡一觉以后会更饿得前心贴后心；躺到床上以后不是积极入眠，而是满脑子都是事情也是很影响身体健康的。

在这里还要说一点，在佛教修行很多老师父能够做到不倒单，就是不再躺在床上睡觉，很多练习静坐的人会觉得很高明，但是对于初学者我的建议还是好好睡觉，好好静坐，不要没学会走路先学跑，那样是会摔跤的。

对于静坐调睡眠我们要有一个清醒的认识，既不能懒惰贪睡也不能过分强求效果而不睡，保持一个不偏不倚的状态，学会该睡觉时能够很快入眠，该清醒时能够很快清醒，这样子才能够使我们阴阳分明，身心健康。

关于如何调睡眠，我们后面将有专文描述。

静坐中非常讲究的五事调和2

调身、调息、调心三种其实是密不可分，不能分开来讲解的，因为在静坐时，身、息、心三者有紧密的互相连带关系。但在静坐练习的次第上，有前中后方法的不同。先调身，再调息，再调神，最后三者紧密结合在一起，就是静坐最应该做到的。

调身

现在，先来谈调身，调身可以分成静坐的姿势和步骤两个部分。

静坐的姿势有三种。第一种叫做双盘：佛家也叫做全跏趺。先盘左腿，令左脚指置于右腿上，再将右腿置于左腿上，两膝贴着坐垫；身体朝向正前方，稍缩下颚，使鼻和脐相对，垂肩，涵胸，拔背，尾闾中正，变成不曲不耸的姿势。其次，两手交叠，以左手掌置右手掌上，两拇指微微相接，置于右脚上，牵来近身。然后，两唇合拢，舌抵上颚；两眼轻闭，以遮断外在光线。将来等到杂念少了以后逐渐过渡到眼观鼻、鼻观心。

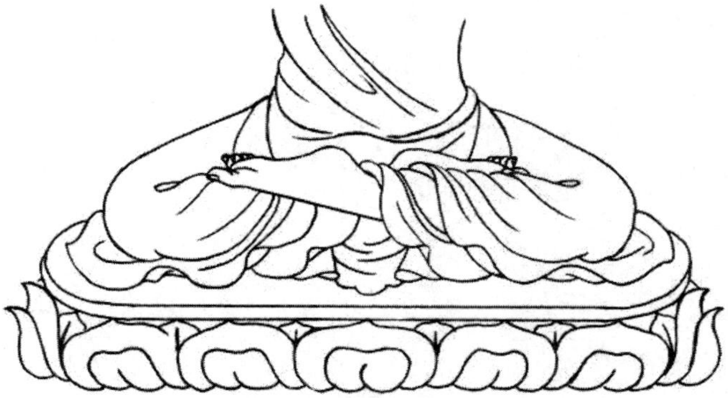

双盘

第二种叫做单盘：佛家又叫做半跏趺。方法如同全跏趺，但盘左腿，右腿内缩，右脚跟贴紧会阴穴。会阴穴的位置在前后二阴中间。

单盘

第三种叫做散盘：关节僵硬活动度差的人或老年人，可以自由盘坐，甚至可以坐在凳子上，双脚垂下。

静坐的姿势最要紧的是立身端正，身首四肢切勿摇动，或者重心不稳，前俯后仰，左右扭曲，或脊骨四肢过紧或过松。

静坐调身可分成五个步骤：

（1）宽衣解带，取出身上束缚性的东西，如眼镜、手表、项链、腰带等。最好是在静坐前，换上宽松舒适的衣服。

（2）坐在坐垫上，将身体活动，舒筋活血。

（3）一步一步调整姿势。（在“静坐：练习篇中”会详细讲解）

（4）开口出气，绵绵而出，再闭口，鼻纳清气，连续3次。

（5）舌抵上腭，两眼轻闭。

调息

调息就是调节呼吸的意思。呼吸是生命的特征，人在一定的时间内不吃饭、不喝水、不睡觉还可以保持生存状态，但是如果不呼吸，就会在极短的时间内丧失生命。对于静坐来说，呼吸的迟、数大小能直接影响心的安定与否。也就是说，正常状态下，呼吸愈数愈大，心的安定性便愈低，呼吸愈迟愈小，心的安定性便愈高。因此，调和呼吸，使其达到入禅定的需要——定心，便成为非常重要的事了。

调息可分成呼吸的相状和调息法两个部分，先谈相状，再谈调息法。

关于呼吸的相状，分为四种：

（1）风相。是气息最大最粗的相状，即呼吸时鼻子发出像风吹拂的声音，自己或旁人都能听得见。

（2）喘相。喘是喘气，虽然无声，但呼吸结滞不顺畅。

（3）气相。气是气粗，气息不细的意思。虽然无声，呼吸不结滞，但气息出入仍旧粗而不细。这三种均为不调相。另外，尚有一种是坐时觉身中滞碍胀满，仿若气闷，或觉得胸口不畅，此是调息方法有误，或坐姿不正确，或心中急躁、情绪不稳所致，应该用调息方法当以对治。

（4）息相。息调的相状是无声，不结滞不气粗，息道的出入绵绵密密，若存若亡，这时的神态安定祥和，情绪愉悦轻松。

对于以上四种呼吸的状况，最适合静坐的就是息相，它最容易使我们进入到定的状态当中去，从而发显般若智慧。

其他几种，比如风相，风是最大的气息，不适合用来做调息的依据，否则便会气息散乱，难以调节；喘相中气息大小不定，不容易配合调息法，如果着意调息的话，将使结滞的情况更加严重，甚至造成气郁的病症；气相中的气是粗气，也是静坐所要摒弃的。

能够在静坐中正确地呼吸并不是一件很容易的事情，所以我们才会在静坐中着意地进行调整，那么，如何进行调整呢？

尽量把意识放在丹田部位，但是不要过分刻意，要努力做到绵绵守之，就是把心轻轻放在那里；身体四肢放轻松，使其感觉自然而不

受拘束，同时要保持端身正坐，而不是散漫不收。在以上状态下，观想气息走遍全身，由毛孔出入，仿若通畅而毫无障碍一般。

三法具足，能使气息由粗入细，这时气息的出入即是绵绵密密，仿若有，又仿若无，成为不涩不滑的相状。气息调和了，便不会生出许多的病患，而且心也容易得定，这是静坐初入定的状态，在这种状态下用心就被称作是调心了。

调心

在三调当中调心是最难以操作的，调心即是调伏缘虑妄想的心，使其清净，显现无妄不变的真心来。失去控制的心有如一只不歇息的猴子，无意识地跳这儿跳那儿。你必须学习去控制它，不要光随它到处乱跳，而是把它拴下来，然后让它自己精疲力竭而消。这么一来，你就有一只“死猴子”，而最后你会是宁静的。

仔细观察，我们会发现心所以不调的原因，不外有六种情形：

（1）平时对自己的欲望很少进行克制和收拢，放任自己的躯体和精神屈服于自己的欲望，所以在静坐的过程就会杂念丛生、漂浮不定，不能够进入到专一的状态，这叫做心浮的状态。

（2）劳损过度，这里面分为体劳和房劳，过度劳累奔忙会使身体十分疲累，从而没有精力好好练习静坐；而房事过多，纵欲过度，等到练习静坐的时候，会心神昏沉，这些被称做心沉的状态。

（3）平日喜欢贪睡，甚至晚上不睡觉，早上睡到中午，黑白颠倒，这样就会造成四体不勤，行止懒散，等到静坐时，肢体松弛，精神萎靡，这叫做宽相。

（4）平时对周围人和事抱有怨恨之心，这个在佛家叫做嗔心。嗔心过重，在静坐的过程中就会产生怨恨，导致气急筋缩，致生郁闷病痛，这叫做急相。

（5）平日心神不宁，处事急躁，或容易担惊受怕，等到静坐的时候，心生恐怖，易受惊吓，或呼吸不畅，或坐立不安，这叫做浮中急相。

（6）平日劳动或者用脑过度，身心又不调和，等到静坐的时候，心神昏沉，头好低垂，身体姿势不端正，喜欢松松垮垮，坐的时间长的时候甚至口中会流口水，这叫做沉中宽相。

静坐时，若心好飘动，如长江波浪，前灭后起，络绎不绝时，应当把心念向下，集中注意在脐中或下丹田，心既下沉，则轻浮的乱想可制伏，心即定住，易于安静。这是对治心浮相的极佳办法。

若静坐稍久，感觉心念昏暗欲睡，头渐渐向下低垂，这时应当略振精神，挺起脊梁，提起意念，把意念集中注意到鼻端或眉心上面去，则昏暗的心可制伏，这是对治心沉相的办法。还有一种对治心沉相办法，即出声朗诵一句诗或名言，并将眼光放远一点，略摇动身体或长息吸入清气，则心沉相亦可止住。

总而言之，要心不浮不沉，才是心的调和之相。

具体的调心方法，我们将贯穿在“静坐：练习篇”中详细讲述。

身心柔软的练习

身心柔软的练习对于静坐来说意义重大，即使不练习静坐，经常进行身心柔软的练习对于身心改变的意义也是显而易见的。

曾经有一位猎人去拜访心中仰慕已久的大学者，没想到这位学者正和家人在荡秋千，玩得不亦乐乎。

猎人很奇怪，为什么这样一位治学严谨的人会浪费时间做这种游戏？

学者问他："你背上的弓为什么不把弦扣上？"

猎人回答说："如果一直扣紧，弓弦就会失去弹力。"

学者接着说："我和家人荡秋千，理由也是一样。"

人的身心与弓弦一样，承受的负荷是有限的，如果一味地加压，必然使自己的身心超出负荷直至崩溃，特别是随着现代社会生活节奏的加快和竞争的加剧，烦恼和焦虑几乎成了每个人都有过的情绪体验。因此，松开紧张欲断的弦，让身心变得柔软，自然会心情舒畅，快乐健康。

具体来说，身心柔软的练习一般分为两个部分。

身体的放松

第一个部分是我们要学会放松自己身体的。把我们平时自觉不自觉产生的僵硬的身体松弛下来也是一件很不容易的事情，这需要我们加入一些训练的技巧。

讲技巧之前我们先了解一下我们为什么会不由自主地紧张呢？

因为人的脑神经系统及内分泌作用的整个设计，是让人类过自然生活，要与各种危险及野兽搏斗，使人身心随时处在警戒状态的设计，只有眼明手快及用肉体的力量才能取得食物。然而这种设计在现代生活里的必要性已经在弱化。例如：当我们肚子饿时，可以到超级市场买东西吃，不须像原始人要经一番的搏斗才能获得食物。天气冷了就多穿一件衣服，不会像原始人一样，躲在山洞里挨饿受冻。也不须和其他的人为争一个山洞，拼得你死我活。然而尽管现代人的生活跟古人发生了翻天覆地的变化，但是神经生理的作用，在深层意识里的警觉性，也就是遇上危险时的反应模式仍与原始人相同，同样都是心跳加快，呼吸急促，身体紧绷，而且在遇到压力时不自觉地就会紧张焦虑。

这套一直存在的反应设计，对我们现在的处境来说，很多时候是不必要的，所以放松就成为转变我们身心使之适应现代生活的必备功课。例如：有一件工作必须限期完成，限期完成也不需要紧张焦虑啊！也不须要胃痛啊！只要去做就好，但是当我们一听到限期完成，身心紧张的反应立即出现，似乎成了必然的一种现象。那么我们这时该怎么做呢？原始人是学习逃跑或直面肉搏，而现代人就是学习如何放松。下面介绍几种简易的自我放松法：

1. 卧式法

放松时，站、坐、卧的姿势都可以，但以卧式为佳，因为人类已经习惯躺着睡眠。睡眠是一种放松活动，所以人一躺下便感到轻松很多。卧时最好是仰卧在床上，将四肢伸展放平，使其有舒适感觉，同时闭上眼睛并配合深、慢、均匀的呼吸，这个方式在瑜伽练习上也有体现，叫做“摊尸式”，用来帮助放松。

2. 想象法

想象一个你所喜爱的地方，然后把思路集中在所想象的事物上，并逐渐沉浸在其中，由此达到精神放松。例如，想象自己躺在水清沙白的海滩上，沙子细而柔软，感到温暖而舒适；阳光照在全身，身体

感到暖洋洋的；海浪不停地拍打海岸，思绪随着节奏飘荡，涌上来又退下去；轻缓的海风吹来，又离去，带走了心中的思绪；整个身体变得平静，心里安静极了，周围好像没有任何东西，自己安然地躺在大自然中，非常轻松，十分自在。

3. 腹式呼吸法

平躺，身体自然放松，紧闭双眼。呼气，腹部鼓出，然后紧缩腹部；吸气，放松，使腹部恢复原状。正常呼吸数分钟后，再重复这一过程。

4. 伸展法

每天拿出适当的时间，伸展一下自己的身体，并注意放松、缓慢、连续地锻炼，在每一个充分伸展的部位停顿10～30秒。伸展时不要把它当作一项额外活动，因为与力量和耐力锻炼不同，伸展本质上应是不费力的。

伸展对消除紧张十分有益，可以使全身肌肉得到放松。在肌肉的放松上常规的操作又分成两种：

（1）简易式及进阶式松弛法。

简易式是将身体分为头面、胸腔、胃脘、腰腹、大腿、膝盖、脚掌7个部位进行放松运动。

进阶式是将身体分为头顶、眼睛、嘴巴、喉咙、胸口、胃部横膈部、腰部、肚脐、下腹膀胱、臀部、二阴、大腿、膝盖、小腿、脚踝、脚底16个部位进行放松运动。

由上到下逐部位松弛5遍算一轮，每次至少做3轮。

练习时吸一口气，然后专注部位并默念部位名称。呼一口气然后随顺呼吸转向掌心专注并且默念“松”。每一个部位连续“吸守呼松”做3次。倘若静坐中自觉身体紧绷、沉闷、亢奋或难受，应当返回本步骤再做，直到松弛为止。

初学者可先将简易式练熟后再练进阶式最后练三段松弛法，让自己全身筋骨、肌肉达到整体的调达。

（2）三段松弛法。

第一段：前身体位自头顶→前额→眼鼻→前颈→胸口→胃脘→肚脐→下腹→大腿→膝关节→小腿→脚踝→脚背→脚趾，最后专注大脚趾外侧的隐白穴。

第二段：后身体位自头顶→后脑→枕部→后项→背胛→脊椎中间→腰际→双臀→大腿腹→膝盖窝→小腿腹→脚面→脚底，最后专注在脚心涌泉穴。

第三段：侧身体位自头侧→颈侧→肩头→上臂→肘关节→小臂→手腕→手掌→十指，最后专注在中指的中冲穴。

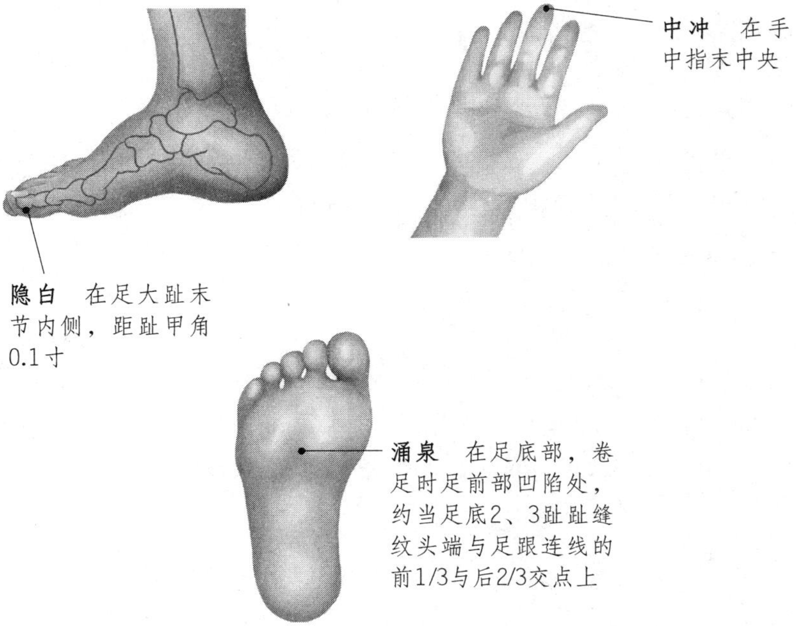

三段松弛法必须搭配呼吸和默念部位名称。吸气专注部位并默念名称。吐气默念“松”同步放松部位并转移专注于下个部位。最后在停止部位上轻轻专注连续做3个呼吸。完成一段后再换另一段。 三段全部完成后专注丹田（女性专注肚脐）连续做3个呼吸。

有很多觉得身体放松以后就没有必要重复进行身体放松的练习，而是直接进入心理放松的环节，其实这是一种误区，身体的放松首先具有反复性，就是你现在觉得放松了，可能在另外一个环节就又会紧张起来，另外放松是有程度性的，就是你现在的放松可能是浅层次的，真正深层次的放松、细化的放松是需要不断去练习的，这一点很重要。

下面再教大家一个比较细化的身体放松的操作流程，坚持练习，获益无穷。

5. 十七步身体放松法

首先，让我们静静地躺在床上，全身就像一块瘫软的泥一样。

（1）右拳。握起右拳，前臂向肩部弯曲。现在将拳头攥得紧一些，再紧一些。开始体验拳头和整个手臂开始变得越来越紧张的感觉，再体验一下这些紧张（体验5秒）。

现在松开拳头，放松的右手及手臂放到床上。去体验一下右手及整个右手臂放松后的舒服感、沉重感和虚无感，再仔细体验一下沉重和舒服的感觉（体验5秒）。

（2）左拳。与右拳相同，唯动作相反。

（3）双手掌。将双手掌尽量张开，体验一下这些紧张，再体验一下这些紧张（体验5秒）。现在放松紧张的手掌，去体验一下整个手掌放松后的舒服感、沉重感和虚无感，再仔细体验一下沉重和舒服的感觉（体验5秒）。

（4）肩部。耸起你的肩膀，向耳部靠拢，体验一下肩部的紧张感，再体验一下紧张（体验5秒）。

现在让肩部放松，注意体验肩部放松后的沉重、舒服的感觉，再体验一下沉重和舒服的感觉（体验5秒）。

（5）眼睛与额头。现在闭上眼睛，使劲闭眼（体验 3 秒），然后放松体验眼睛放松的感觉。然后皱起你的前额和眉头，紧闭你的双眼，体验一下额头及周围肌肉的紧张（体验5秒）。

现在放松你的额头及周围的肌肉，注意体验这些部位放松后的沉重、舒服的感觉，再体验一下沉重和舒服的感觉（体验5秒）。

（6）舌头和咬肌。将舌头使劲伸出口腔（体验3秒），接着收回，体验舌头放松的感觉；然后将舌头卷成筒状（体验3秒），接着放松体验舌头放松的感觉；现在咬紧牙关，让你的咬肌紧张起来，并将嘴角向后移动，去体验一下咬肌的紧张，再体验一下这种紧张（体验5秒）。

现在放松这些部位，去体验一下放松后的舒服感，再仔细体验一下沉重和舒服的感觉（体验5秒）。

（7）紧闭嘴唇。现在将嘴唇噘成口哨状，体验一下嘴部周围肌肉的紧张，再体验一下这紧张（体验5秒）。

现在放松那些肌肉，重复体验一下嘴和整个脸部肌肉的放松。你的脸像你的拳头一样放松了吗（体验5秒）。

（8）头部。现在将头向床上用力地靠，你会体验到头皮和后颈部的紧张，再仔细体验一下这紧张的感觉（体验5秒）。

现在放松头部、后颈部，体验一下头部、颈部放松后的沉重和舒服感。你的头部、颈部会变得越来越沉重、越来越舒服。再仔细体验一下这沉重和舒服的感觉（体验5秒）。

（9）前颈部。现在将下巴向胸靠，头向前伸，看看能否将下巴接触到前胸，体验一下下巴和颈部肌肉的紧张，再仔细体验一下这紧张的感觉（体验5秒）。

现在放松头部、颈部，体验一下下巴、颈部肌肉放松后的沉重和舒服感，再仔细体验一下这沉重和舒服的感觉（体验5秒）。

（10）背部。现在将你的背向后弯曲，挺出胸部和腹部。你能感受到背部的紧张吗？体验一下这种紧张，再仔细体验一下这紧张的感觉（体验5秒）。

现在放松你的背部，让它沉沉地压在床上，去体验一下放松后背部的沉重和舒服的感觉，再仔细体验一下背部的沉重和舒服的感觉（体验5秒）。

（11）胸部肌肉。现在做一次深呼吸，让空气充满你的胸腔，憋住这口气，去感觉一下胸部肌肉和腹部肌肉的紧张，再仔细体验一下这种紧张的感觉（体验5秒）。

现在放松、自然地呼出空气，感觉一下放松后胸部及腹部的舒服感，再仔细体验一下这种松弛、舒服的感觉（体验5秒）。

（12）腹部肌肉。现在将注意力放在腹部，绷紧腹部肌肉，去体验一下腹部肌肉的紧张，再仔细体验一下这种紧张的感觉（体验5秒）。

现在放松你的腹部，去体验一下放松后腹部肌肉沉重和舒服的感觉，再去仔细体验一下这些感觉（体验5秒）。

（13）臀部。现在努力收紧臀部肌肉，向床上压。仔细体验一下臀部肌肉的紧张（体验5秒）。

现在放松那些肌肉，体验一下放松后肌肉的松弛和舒服的感觉。你会感觉到臀部越来越沉重、越来越舒服地向床上压去。再仔细体验一下臀部的沉重、舒服的感觉（体验5秒）。

（14）右腿。向上30° 抬起你的右腿，去感觉一下大腿肌肉绷紧的感觉，再仔细体验一下这肌肉的紧张（体验5秒）。

现在放松右腿到床上，仔细去体验大腿放松后的沉重、舒服的感觉，再仔细体验一下大腿肌肉沉重、舒服的感觉（体验5秒）。

（15）左腿。与右腿相同，唯动作相反。

（16）右脚。现在注意你的右小腿和脚。将右脚尖尽量朝上勾，使你的小腿肌肉绷紧，好像有一根线正在向上牵拉你的脚尖。现在仔细体验一下小腿肌肉和脚部的紧张，再去仔细体验一下这种紧张（体验5秒）。

现在放松右脚及右小腿，去体验一下放松后肌肉的松弛和舒服的感觉。你会感觉到你的脚和小腿变得越来越沉重、越来越舒服地向床上压去。再去仔细体验一下这沉重、舒服的感觉（体验5秒）。

（17）左脚。与右脚相同操作，唯动作相反。

以上对放松的练习每天进行1次，每次30分钟（在30分钟内从头到脚去不断循环地去体验紧张与放松的训练）。

如此练习21天。也就是说，需要完成21个30分钟的量。量变引发质变，当你练习的“量”达到了，你也就掌握了主动控制身体各部位肌肉进行放松的技能了。

心理的调适

我们谈身心柔软，不仅仅是身体松弛的训练，因为生理的反应和心理状态息息相关。当我们很在乎很挂念一件事物却又没有办法处理时，内心里就会产生矛盾和冲突，这时即使身体得到片刻的放松，不多久又会开始紧张，因为事情还摆在那里没有解决，所以必须从心理上下手，这才是根本的办法。

从身体的柔软扩充到心理的柔软，不是消极的软弱、无力、无奈，而是刚柔并济的。我们的心要像学习太极拳中的推手一样，当打击力量从一侧来，不直接对抗，而是以四两拨千斤的功夫，将打击而来的力量化掉。

一个会游泳的人掉入水中并不会产生恐惧的心理，因为他知道只要全身放松就能浮上来，但是一旦紧张，肌肉僵硬，就会开始往下沉。我们的人生其实也是这样，本来我们是和整个大自然融为一体的，但是因为我们自己的不自知，所以我们紧张僵硬，我们自己产生的各种所谓的主见是我们将自己和自然排斥开来，于是大自然本身赋予我们的潜能被掩盖起来，反而是最不应该表现的东西袒露出来了——紧张、焦虑、贪婪。这些情绪表现出来的是僵硬的、不柔软的，是和我们的本心越来越远的。

如果我们具有般若智慧，就会发现所有的事情归结起来就是两个字：因缘。有因就有果，看起来毫不相干的事情，其实中间都有千丝万缕的联系，这中间的奥妙是我们靠一己之力难以去理解和明晰的。因此我们所能做到的就是与整个社会、整个环境完全融合起来，将我们僵硬的身心柔软下来，将我们高高抬起来的头颅像成熟的麦穗一样垂下去，看起来是软，其实是软中有刚。

一个有柔软心的人，不见得是一个没有能力的人，他有能力做事，但他顺着因缘做事：是这样的因缘就做这样因缘的事，不要想做别人，不要抗拒自己的因缘。

放下抗拒，紧张就消除了，这就是放松的重点。

静坐前暖身动作

静坐不但很讲究五调，坐的前后也需要有暖身的动作，主要是以运动及按摩做辅助，以便于筋骨松软、经脉畅通、身体舒适，即所谓气和而后心平。

若身体缺少运动，生理机能便易于老化和感染病痛，暖身运动可使身体由紧张而松弛，从而得到更多的营养补给及休息的机会。练习静坐，讲求心念集中，气息和顺，而静坐本身，就是修行的方法之一。所以我们对调身的方法，是要运动与静坐并重的。

下面所教的运动，只需两米见方或一个人身的长度，乃至仅容身体坐下及站立的一小块空间，也就够了；不论男女老少，健壮衰弱，都可以安全的练习。

早上起床后，应先做一套简易的暖身运动，再来静坐，效果往往事半功倍，具体介绍如下。

第一段：干沐浴

1．浴手

两手合掌，搓热左手，再紧握住右手背用力摩擦一下，紧接着右手紧握住左手背用力摩擦一下。相互摩擦十几次为佳。

手是手三阳经和手三阴经交汇的地方，所以，干沐浴从手做起。

2．浴臂

右手用力从左肩沿左手臂内侧由上向下擦，然后再沿手臂外侧由下向上擦到肩膀。如此往复共擦十几次为佳，接着换用左手如上法擦右手臂十几次。

臂部是经络脉络的要道，应尽量按照经络的走向进行擦拭，效果最佳。

3. 浴头

浴头分为几个部分。

（1）开天目。用大拇指指面按于印堂穴皮肤，再以前臂带动手指，自下而上，做双手交替、有节律的抹法。双手共20次，注意力量宜轻柔，以前额皮肤不变红为度。

（2）推前额。用双手大拇指指面按于前额正中皮肤，以指根带动指尖分别向左右两旁做抹法，至眉梢处再推回前额中央。注意力量不宜过大。

（3）点按攒竹穴、鱼腰穴及太阳穴。用双手拇指指端持续用力点按攒竹穴、鱼腰穴、太阳穴，持续数秒或半分钟。如头痛、头晕、昏迷不清可适当加力；如失眠则不宜用力，应以轻揉为主。

（4）点按四白穴及迎香穴。用双手拇指指端持续用力，点按四白穴、迎香穴。如眼痛眼涩可重按四白穴，如鼻塞流涕可重按迎香穴。持续数秒或半分钟。

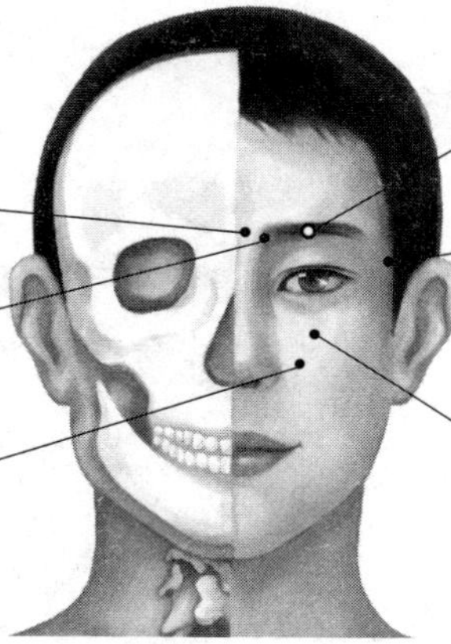

（5）疏通经络。用双手大拇指指端沿头部经络线依次点按。自头发发际前沿正中开始到发际后沿正中为正中线；正中线旁开一横指为第二线；自额角处开始，平行于正中线至发际后沿为第三线；自太阳穴开始绕耳郭至发际后沿为第四线。如遇痛点可适当做局部的反复弹拨，轻重以患者能耐受为度。

（6）梳头栉发。双手十指弯曲，从前至后做梳头的动作。重复操作5~10次。此动作建议练习者可经常自行操作，有助于缓解各种头部不适。

头为一身主宰，是诸阳所会，百脉所通，浴头可以促进诸阳上升，百脉调和，气血不衰，可使人面色红润，不生皱纹，既预防脑梗死，又引血上升，防止脱发。

4．浴眼

两手轻握拳，将大拇指包在其余四指之内，用食指桡侧端分擦两上眼皮各十几次。然后用两拇指分按两侧太阳穴旋转揉动十几次，再向相反方向揉动十几次。最后，用右手拇指和食指捏住两眉头中间部位，揪十几次，与此同时，用左手从后头发际向下捋到项部十几次，换手重复同上动作。

浴眼可使眼部气血畅通，保持眼部肌肉丰满，眼睑不下垂，对预防近视、远视也有一定的作用。太阳穴附近毛细血管多，揉动此处可以抗风寒侵袭，有助于治疗头痛、头昏。揪两眼中部，可使眼内虚火外泄，有助于防止眼疾。

5．浴鼻

两拇指微屈，其余四指轻握拳，用拇指背沿鼻梁骨两侧上下往复用力擦10次（上擦到眼下部，下擦到鼻孔侧）。冬天、天气骤冷时可增加30次。该法有助于防止咳嗽、感冒、伤风。

6．浴胸

先用右手掌按在右乳部上方，手指向下用力推到左大腿根部处。

然后再用左手从左乳部上方，手指向下用力推到右大腿根部处。如此左右手交叉进行十几次（一左一右为1次）。

7．浴腿

双手先紧抱住左腿大腿根，用力向下擦到足踝，然后擦回大腿根。如此上下来回擦十几次（一上一下为1次）。擦右腿法同左腿，也擦十几次。

腿是足三阳经和足三阴经的经络要路，浴腿可防腿疾，增强行动能力。

8．浴膝

双手掌心紧按住两膝，先一起向外旋转十几次，后一起向内旋转十几次。

膝关节是人体最复杂的一个关节，血管分布较少，故最恶湿惧寒，也易劳损，浴膝可以增高膝部温度，驱逐风寒，灵活筋骨，防止关节炎等疑难杂症。

第二段：鸣天鼓

双手掌心紧按两耳孔，用两手中间三指轻击后头枕骨（小脑部）十几次。然后手指紧按后头枕骨不不动，掌心掩按耳孔后，再骤然抬离，这样连接开闭十几次。最后，两手中指或食指插入耳孔内转动3次，再突然拔开，这算1次，共进行3~5次。

后头枕骨内是十二经络的诸阳经聚会之所，又是小脑所在的部位，故轻击可清醒头脑、增强记忆，特别是早起、晚睡、疲劳之后效果更佳。两耳内有前庭神经等直通大脑，通过开闭两耳鼓膜震荡，可以加强听觉，预防耳疾。

第三段：旋眼睛

端坐凝神，头正腰直，两眼向左旋转5~6次，然后向前注视片刻，再向右旋转5~6次，然后向前注视片刻。早晚要认真做2遍，日久防治眼疾，效果奇佳。

第四段：叩齿

先心静神凝，口轻闭，然后上下牙齿互相轻轻叩击30多次。

牙齿不仅是骨的末梢，同筋骨有直接的关系，而且同胃、肠、脾、肝等也有密切联系，因此常叩齿有补肾壮骨、补益脏腑的作用。现代医学认为叩齿可增加牙齿的自洁作用，发挥咀嚼运动所形成的刺激，增强牙体本身的抵抗力，而且能兴奋牙体和牙周组织的神经、血管和细胞，促进牙体和牙周组织的血液循环，增加牙齿的营养供应，因此能强壮牙齿，从而减少龋齿等牙病的发生。

第五段：鼓漱

闭口咬牙，口内如含物，用两腮和舌做漱口动作，漱30多次。漱口时，口内多生津液，等津液满口时，再分3次慢慢下咽。久练津液自增。

此法可解毒、增强免疫、助消化，所以古人造字时取意“舌上的口水”为“活”字是很有道理的。

第六段： 搓腰眼

双手对搓发热后，紧按腰眼，用力向下搓到尾闾部分，然后再搓回两臂后屈尽处，这是1次，做30多次。

腰眼位居带脉之中，也是肾脏所在部位，最喜暖恶寒。本法可防治肾气不足所引起的腰酸腰痛、尿频、遗尿、尿失禁等，也可用于防治肾虚阳痿、早泄、遗精及腰肌劳损等。无病者可以此保健养生。

第七段：揉腹

一般选择在夜间入睡前和起床前进行，排空小便，洗净双手，取仰卧位，双膝屈曲，全身放松，左手按在腹部，手心对着肚脐，右手叠放在左手上。先按顺时针方向绕脐揉腹50次，再按逆时针方向绕脐揉腹50次。按揉时，用力适度，精力集中，呼吸自然。揉腹可通和上下，分理阴阳，去旧生新，充实五脏，驱外感之诸邪，清内生之百症。

现代医学认为，揉腹可增加腹肌和肠平滑肌的血流量，增加胃肠内壁肌肉的张力及淋巴系统功能，使胃肠等脏器的分泌功能活跃，从而加强对食物的消化、吸收和排泄，明显地改善大小肠的蠕动功能，可起到排泄作用，防止和消除便秘的效果，这对老年人尤其需要。

经常按揉腹部，还可以使胃肠道黏膜产生足量的前列腺素，能有效地防止胃酸分泌过多，并能预防消化性溃疡的发生。

揉腹还可以减少腹部脂肪的堆积。这是因为按揉能刺激末梢神经，通过轻重快慢不同力度的按摩，使腹壁毛细血管畅通，促进脂肪消耗，防止人体大腹便便，从而收到满意的减肥效果。

经常按揉腹部，还有利于保持精神愉悦。睡觉前按揉腹部，有助于入睡，防止失眠。对于患有动脉硬化症、高血压病、脑血管疾病的患者，按揉腹部能平息肝火，使人心平气和、血脉通畅，起到辅助治疗的良好作用。

第八段：搓脚心

双手对搓发热后，搓两脚心，各80多次。脚心部位有一个穴位叫做涌泉穴，属足少阴肾经。此经起于脚心，止于胸上部，是浊气下降的地方，所以搓涌泉穴可导引肾脏虚火及上身浊气下降，并能舒肝明目。热水洗脚后顺便使用此法，效果尤佳。

练习完上面的动作，静静收一下心神，喝一杯暖开水，正式开始进行静坐的练习。

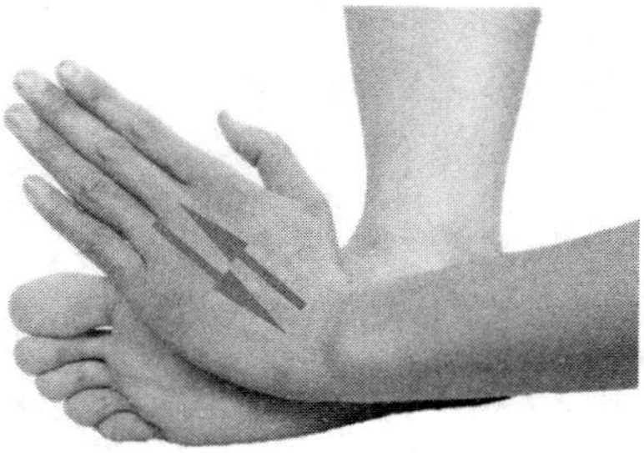

脚心按摩

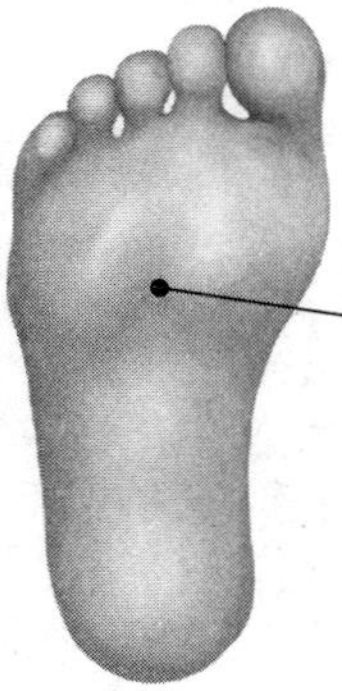

涌泉 在足底部，卷足时足前部凹陷处，约当足底2、3趾趾缝纹头端与足跟连线的前1/3与后2/3交点上

静坐前的头部运动必不可少

头为精明之府，所以静坐练习前对于头部的活动是非常重视的，尤其是连接头身的颈椎，因为颈椎的健康与否直接关系着气血是否能够顺利灌注头部，因此在静坐中头部运动至关重要，千万不能为了静坐而静坐，随意删去这一活动。

我曾经指导过很多退休的老干部，建议他们没有时间锻炼身体的时候可以坚持练习这个头部保健法，效果非常明显。他们坚持每天早晚各做1次，做后自感头脑清醒，全身舒适。经过数年坚持锻炼，在他们身上竟然出现奇迹：头痛眩晕、心闷气短完全消失。连续几年体检，显示供血正常、血压正常、脏腑良好，不但节约了不少医药费，也免除了疾病之苦。

那么头部动作该怎么做呢？

头部按摩

坐下后，先做按摩动作：

（1）指敲全头。双手10指弯曲成梅花状，用指端从下颌开始，沿嘴角、鼻两侧向上再围眼眶敲1遍， 然后沿眉中央向上经前额、头顶、后脑再沿耳朵敲1遍，返回原处。每次敲100下，重复1~2次。

（2）抓挠全头。双手10指弯曲成虎爪状，先从前额发际向头顶、后脑、发根抓挠1遍，再双手分左右从耳至鬓角从前到后抓挠1遍。每次100遍，重复1~2次。

（3）掌拍全头。双手张开成掌型，先从胸部开始向脸部、前额、头顶、后脑、颈部拍打，然后双掌分左右从耳朵、脸、嘴部到胸部拍打。每次100下，重复1~2次。

（4）推捋全头。双手成掌型，从下颌向上推捋，沿脸部、前额、发际用力推，再指尖相对向头顶、后脑、大椎穴推捋，然后双掌分左右沿颈部推1周返回原处，重复做36次。

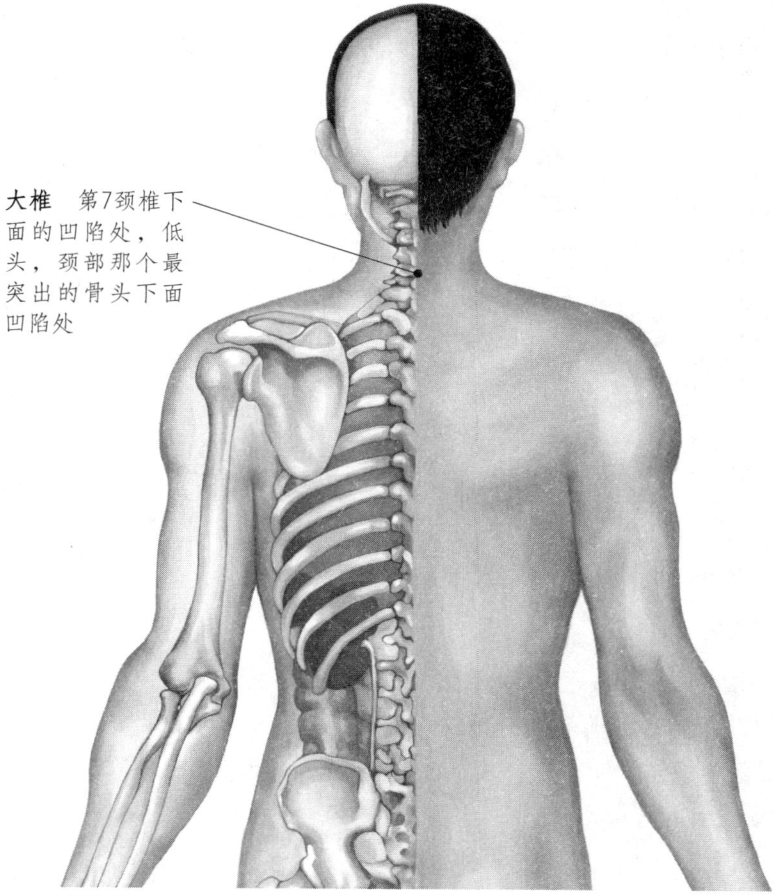

头部动作

做完头部按摩后，将双手平置于左右两膝，勿用力，身体坐正，再做头部运动的4个步骤：

（1）头向下低，再往后仰。

（2）头向右倾，再往左倾。

（3）头向右后转，再向左后转。

（4）头按顺时针方向向前、向右、上仰、左转，再按逆时针方向向前、向左、上仰、右转。

每个步骤身体不动，各做3次。动作缓慢柔软，眼睛睁开，呼吸自然。头部运动的目的，是使头部血液减少，降低思潮起伏的动力，让整个身心渐渐宁静。

做完头部运动，把左右手掌放在脐下丹田处，双手两拇指相触，成一倒三角形，深吸一口气，接着慢慢吐气并向下弯腰，双掌压小腹帮助把气吐出，直至气完全吐完，连续做3次深呼吸。做深呼吸的目的是使体内的浊气排出，换取新鲜带氧的空气，使血液循环顺畅。

如何挑选静坐垫

对于一个静坐入门者来说，合适的静坐垫会对坚持练习静坐有很大的帮助。它就像我们上战场手中的装备一样，是必不可少的。

首先我们要了解静坐垫的结构，一套静坐垫一般由上垫和下垫组成，下垫是用来防护腿部与地面直接接触时间长而产生的不适，上垫是保持身体稍微前倾，以确保脊柱挺直。

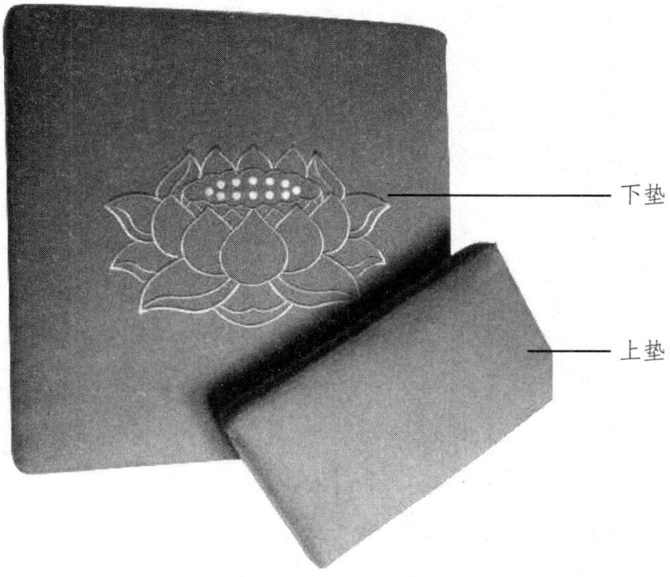

合格静坐垫三要素

判别静坐垫是否合格主要看以下几个要素：

（1）静坐垫所使用的材料要软硬适中，太硬不利于久坐，太软则不利于脊柱挺直。

（2）上垫要采用斜面设计，并且坐垫内芯材料应为成片斜面成型而不是经过拼接成型。

（3）上垫或下垫与身体接触的平面不能有凹凸的花纹、接缝或其他不平滑的元素。

当然，如果僧侣或修佛之人所用的坐垫，则还要注意：坐垫面料不能用真丝成分制作，因蚕丝制作时要杀死蚕蛹，使用真丝材料会犯杀生戒。

挑选静坐垫的参考因素

（1）静坐垫大小及形状。一般下垫多为正方形，分60cm×60cm，70cm×70cm两种，上垫多为长方形，分前低后高的斜面设计和前后高度一致的平面设计两种。

不同大小的静坐垫下垫适合不同的身高和、静坐姿势。最直接的判断是量度自己盘腿后两个膝盖外缘之间的距离，小于60cm的就选60cm×60cm，大于60cm的就选70cm×70cm。

（2）静坐垫的材料。现在市面上多数是用决明子、海绵、棉花、椰丝、棕丝、荞麦等作为内芯。

椰丝的优点是有弹性（喷乳胶）的支撑力和柔软度都恰好，透气。但是没弹性的（不喷胶）的比较硬，直接接触敏感皮肤，会让练习静坐的人感觉很不舒服。

棕丝的优点是透气，缺点是硬度太大，也不是很适合练习静坐。

海绵的优点是作为坐垫辅助材料可增加柔软度，凉爽海绵比较透气；缺点是如果作为主要材料太软，会造成脊椎弯曲，长时间静坐对身体非常不好，所以建议尽量不选这一种材料。

棉花的优点是作为坐垫辅助材料可增加柔软度；缺点像海绵一样作为主要材料太软，会造成脊椎弯曲。

荞麦的优点是透气，软硬度适中；缺点是坐久了内芯会碎，而且会向两边散开变形。

决明子的优点是透气，软硬度适中；缺点是内芯会向两边散开，而且凉性较重。

静坐垫的面料建议选用天然棉、麻，适合长时间（半小时以上）静坐；含棉质的天然化纤或混合化纤会静电及有滑手的感觉，不很适合静坐；能感觉到花纹的绣花面料也不适合长时间静坐，会令腿部压出花纹的痕迹。

以上的建议供静坐入门者在选择坐垫时作为参考，至于哪种坐垫才是最适合的，要以个人对坐垫的适应为准。静坐入门者一般刚开始选择厚一点、软一点的坐垫，随着静坐的功夫加深，坐垫的厚度和柔软度都需要改变，这些只能凭个人静坐时的感觉来进行调整。

静坐：练习篇

静坐正确姿态——七支坐

一提到静坐很多人会对它产生误解，认为静坐的意思就是把心变成一片空白，把心变成空的。

也有人认为静坐其实就是坐在那儿，什么事也不做。

还有人认为静坐就是安静地坐在那儿想事情，让思绪在心中翻转。

甚至有人会很聪明地认为：静坐就是使自己进入一种催眠状态。

练习过静坐的人就知道这些说法显然都不全面，其实静坐里面有很多方法和技巧，下面我们就一起来看一看。

佛家对禅修当中的姿势非常重视，认为这是静坐首先应该去调整的，对以后练习效果的好坏很重要。所以我们在静坐的时候也尽量遵循这样的要求，因为有了这样的“戒”我们才能够更快地进入需要的境界。

坐禅姿势的要领，少林寺有歌诀云：

盘腿竖脊结手印，平胸头正收下颚，

舌抵上腭敛双目，名曰毗卢七支坐。

这首偈颂，说明了调理坐禅姿势必须注意7项要点：即双足跏趺坐、竖直背脊、手结禅定手印、平放肩胸、头正收下颚、舌抵上腭、收敛双目（微张）。这种姿势的要求叫做七支坐，就是指肢体的7种要点的规范要求。

支者可以讲做支撑点，也可以讲做重点。支撑点是什么？是支撑重量的中心，就像跷跷板一样，中间有一个支点支撑两边重量，则两边跷来跷去就很容易。这7个重要的架构、部位搞对的话，静坐起来就会非常顺利，所以我们一定要认真掌握。

对于入静坐练习者来说，掌握正确的坐姿极其重要。因为正确的坐姿可以帮助静坐者较快速、稳定地进入静状态，从而对身心的全面调整起到不可估量的促进作用。

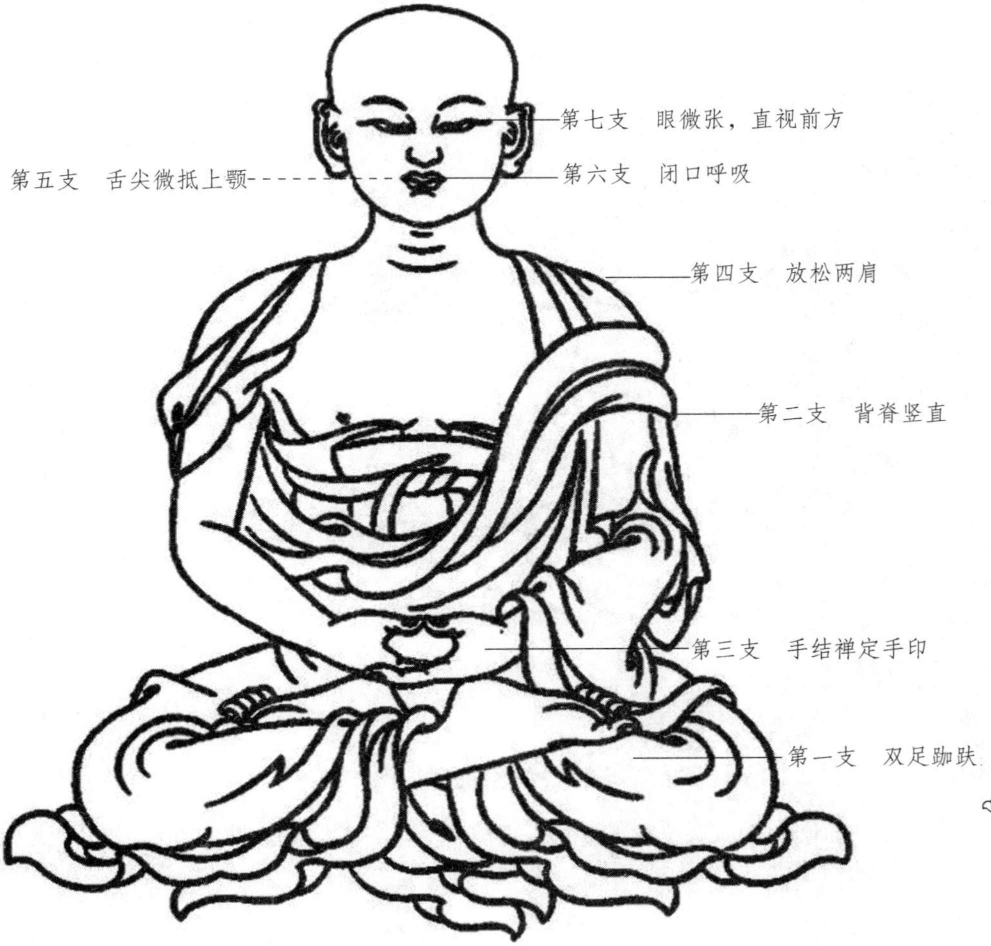

第一支：双足跏趺坐

盘脚的方式是打坐的基本，有三个姿势——单盘、双盘、散盘。

单盘又有两种方式：

一个是如意坐——左脚在下，右脚置于左大腿上，再将左脚置右大腿上。

另一个是金刚坐——右脚在下，左脚置于右大腿上，再将右脚置于左大腿上。

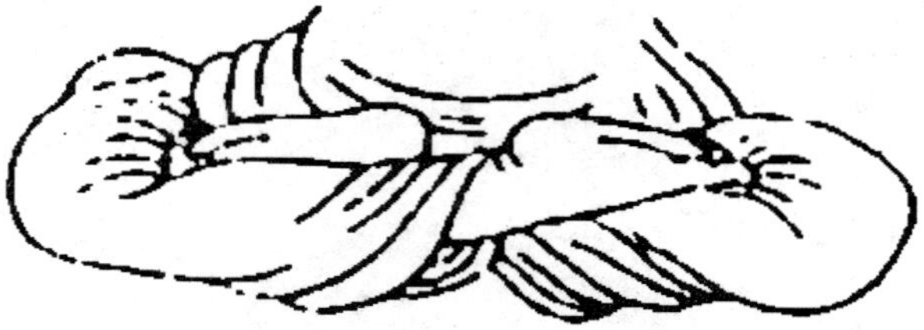

如意坐

金刚坐

如意坐还比较好理解，我们都常说万事如意，如意就是你心无碍，随便坐都没关系，所以心定的人就可用如意坐。

那么叫金刚坐，又是为什么呢？一说此姿势会逼着你产生金刚怒目的威力，故称为金刚坐，也有人叫它降魔坐。还有一说，右脚在下会刺激到右肾，使肾上腺素分泌旺盛，个人的意志力也会随之比较坚强，练功就更容易坚持下来，所以有此称呼。

初学者该用如意坐还是金刚坐呢？切记不是哪个舒服就用哪个，

而是以个人髋骨左右高低和两腿长短不同来选择。左右髋骨高低不成水平，髋股骨角度偏大，会造成脊椎骨不直，气不易发起。一般而言，左腿长的人宜用金刚坐，右腿长的人要用如意坐。等这两个姿势（任选一个）练习久了，坚持很长时间脚也不会痛，就可以开始练习

跏趺坐

双盘，也就是标准的跏趺坐。

跏趺坐的最大好处，是交叉腿与两膝平贴席上，底盘广大而坚实，可以四平八稳，安然而坐能使人产生一种不可捉摸的植根于大地之感觉。如此身体不动，心意更容易平静，有利于进入禅修状态。

跏趺坐一般都是如意坐再把外面的右脚抬上来，脚尽量往内摆，能够紧密最好，尽量不要有空隙。我当初练习的时候，师父要求很严格，两腿膝盖盘后的宽度绝对不能够超出两肩宽度。当然，自己在家练习的不必这么严格，如果这样做不到，试着金刚坐后再把左脚抬起来也可以。练习双盘没有什么窍门，初练的人可能脚会很痛，但只要多磨炼，大多数人都可以练成，比如平时看电视啊，看书的时候，都可以练习。

初学的人如无法双盘，可改为单盘的半跏坐，也就是散盘，只要将一只脚置于另一边的大腿上即可。左脚在右小腿下或右脚在左小腿之下均可。

对于无法双盘及单盘的人，开始时还可以采用更简易的坐法，就是自然盘，也就是我们平时坐在地上时将两腿自然盘起来的状态，以

后再循序渐进。

以上各种坐法，除坐姿及手姿略有不同之外，其他仍采用七支坐法规定的标准。功效最大、最快且能经久稳固的坐姿，仍是最难的跏趺坐。因此，初学的人即使无法双盘，至少要多练习单盘。

第二支：背脊竖直

腿盘好之后，挺起腰杆，勿挺胸部，头顶天垂直，下颚内收，颔压喉结。

背脊竖直的方法是将两肩一字平外，而向前张开，则每个一脊椎骨，自然重叠笔直，松紧合度，不会硬劲强直。姿势正确的时候，上身会是笔直的，腰部位的腰脊骨也会挺起来，由侧面看过来应该是S形。脊骨上达头部，下至尾闾，是支持全身骨骼、神经系统和主要五脏器官的主干，若能直脊，则精神旺盛，气血畅通，而且脊骨竖直对集中心力，减少妄念，加速得定，帮助甚大。

如果坐得弯腰驼背，后腰部位就是平平的，会使心情弛缓，头脑失去活力与清明，妄念纷飞。

下颚内收，颔压喉结，就是将下颚向下，微将喉结压着，类似于头部微微俯下的姿势，可以帮助背脊竖直，有利于压伏静坐中产生的妄念，令上行之气摄入中脉。

总之，背脊直不直，对打坐的影响很大，初练者一定要注意一开始就养成良好的习惯。此外，还要注意，挺直并不意味故意加力使背脊硬劲强直，而是要处于自然放松的状态，才合标准。

第三支：手结禅定手印

两手圈结，右手在下，左手在上，两拇指轻轻相接结成圆圈形，轻轻平置于丹田下的上部腿上。

所谓的禅定手印，就是三昧印，意思是这个手印一结，外在的干扰都不会对你产生影响。你到寺庙里看，大殿正中间的佛像都是结这个手印的。

本式要点是必须将两拇指指尖微微接触，触后略向掌心内收，以两指笔直，自觉有一股内劲自然发出，互相接触为标准。两拇指指尖轻轻相抵，可在心理上产生一种平衡与宁静，且能令气摄入中脉。两指尖微触，并使两手臂呈圆圈状，可增加左右动力交流，使左右气点得到循环。

第四支：放松两肩

将两肩肌肉放松，自觉如无肩无臂无手的状态。

肩胛是肩部的重点，坐好后头顶上领，整条脊椎上拔伸直，两肩膀往后拉张后，胸部自然就挺出来，然后从上而下顺势放松，上半身便处于自然松直的状态。肩胛是下气上行所必须，所以如果打坐弯腰缩肩，真气就上不来，气上不来就会想睡觉，这是气不具足的表现。此外，肩胛旁膀胱经气运行对打坐是很重要的，尤其气上来以后会走到喉、头部，如果肩胛硬劲，坐久则腰部会酸痛，肩膀也会僵硬、酸痛，不利于修习。

第五支：舌尖微抵上颚

舌尖抵在门牙上龈的唾腺处，不可用力，若有口水则缓缓咽下肚去。

舌抵上颚，说的是将上下两唇闭拢，牙齿紧扣，舌尖自然微抵上牙龈，练习久了，很多人的舌尖会自动卷折，这样效果更佳。做此动作的时候，口中会自然生出口水，这个没关系，积到口水多时就分小口吞下去，对身体很有好处。古代的养生家对口水是非常重视的，并称“津即咽下，在心化血，在肝明目，在脾养神，在肺助气，在肾生精，自然百骸调畅，诸病不生。”现代研究也证明，口水里面有很多的唾液淀粉酶，它的功用可以用来消化吃进去的淀粉。所以胃肠不好的，不妨借这个机会慢慢地让胃肠消化系统变好。

第六支：闭口呼吸

无论何时，只用鼻息，不可张口呼吸，除非有鼻病。

呼吸必须用鼻出入，不可用口。一是因为鼻为专司呼吸的器官；二是从结构上来说，鼻孔有毛，可以阻止灰尘与微生物进入呼吸道，以免发生疾病。所以不论静坐与否，均以闭口为是。

第七支：眼微张，直视前方

眼睛微张，闭八分开二分，视线投置于身前1米左右处地上的一点，不是要看什么，只因睁大了眼睛，心易散乱；闭起了眼睛，则易昏沉。如果睁眼过久觉得疲劳，不妨闭上一会儿。

眼睛是最敏感、易受外物吸引，而影响情绪的器官。如果控制得宜，对静坐大有裨益。打坐时眼睛通常有两种用功方式：第一种方式是把眼睛闭起来，这个较简单，刚开始学的人心比较乱，很容易被外境干扰，看到有人走动或听到有个虫子叫都会不由自主地被吸引过去，所以闭目“眼不见为净”比较适合。但这种方法也有几个不利处，有的人闭眼久了，脑袋会昏沉，容易打瞌睡；有的人闭上眼睛时，心里会不安，感觉什么也抓不住，由此生出很多念头。对于这些练习者来说，最好采用第二种方式。

第二种方式是学佛像眼睛微张，闭八分开二分，视线投置于身前1米左右处地上的一点，也就是禅修的人常说的“垂帘”。二目似睁非睁，似闭非闭，眼前意会到光，模模糊糊地能看到一些东西。但要注意的是，不能着意去看，这种情形有点像我们快睡着的时候，可以感知到光，又看不清楚的样子。如此能避免胡思乱想。

微张眼睛还有个好处，因为你很用心，心意会守在眼睛处，气易走到眼球，眼球的波长很容易改变，易开发出视觉潜能。

静坐的目的，是求心境平稳，而心情与呼吸有着极为密切的关系。也就是说要想调心，必先从调息入手。呼吸是指普通人每分钟16次的出入息。静坐者的呼吸在渐渐的缓慢深长微细之时，称为息。由息的力量，推动血液制造能源，由能源产生赋活生理机能的作用，称为气。当静坐者感受到由气所产生的作用时，称为觉受，有觉受经验的人，便会觉得坐禅的确是人生的一大幸福和恩惠了。

以上所说的几点要素，看起来虽然没有什么特别之处，但从实践来说，对于形成正确的静坐体验具有非常重要的意义，其中每一要素都有不同的功用。《瑜伽师地论》中说，若能按佛所说结跏趺坐而禅修，有五种因缘：一是令身收摄，速发轻安，因为这种坐姿可以顺生轻安；二是这种坐姿可以减轻身体疲倦，能长久宴坐；三是这种坐姿不共外道；四是这种坐姿可以使人产生敬信；五是一切佛及佛弟子所共同依止的坐姿。由此五种因缘，我们应依此七支跏趺坐法而修止。

怎样练习双盘

双盘是静坐练习过程中，非常必要又比较痛苦的内容，所以很多人问我该怎样练习双盘。下面我就以我个人的经历供大家借鉴。

那是一个偶然的机会，我有缘随着少林寺的一名师傅学习静坐。当时觉得很容易做到的事情，在后来的实践中让我将自己定位为愚钝和狂妄，并且受到很多痛苦的折磨。所幸的是，这种痛苦在不断的练习中找到了受用的地方，从而使我的身体和精神发生了质的变化，原来孱弱的身体居然脱胎换骨，因此特别想把这种锻炼的进程描述下来，以便于帮助到更多的人。

练习之初，师傅先对我强调了双盘的重要性，并留下一句话“欲降服其心，必先降服其腿，腿子能定住，心就能定住。”这引起了我的重视，下决心要练习双盘。

练习双盘的经验

以下是师傅讲给我练习双盘的一些经验。

（1）双盘看起来很可怕，其实经过坚持练习，都可以练成，即使60岁开始练起，也可在1年左右练成。如果30多岁开始练，只要勤加练习，很快就可以完成。

（2）具体的练法是每天先散盘一会，然后试着单盘，等到腿脚柔软的时候试着双盘，直到盘上，然后忍痛，坚持时间越来越长。

（3）开始练几天之后，会出现持续的腿疼，然后会腰疼，甚至不练的时候也会疼。但是经过一个阶段的练习，待双盘练成后，静坐后就不会再腰疼。因为练习静坐后肾气充足了，会把脊背顶得很直，所以这个时候你想弓着腰坐都不可能。

（4）很多人把双盘看作是单纯的筋骨练习，认为是对韧带的一种磨炼。其实这是一种不完全的说法，练习双盘固然可以练习柔韧性，但更多地是为了打开我们身体上的经络。

（5）双盘的姿势其实是用脚踝压住了大腿内侧的大动脉，为了打通动脉，心脏会加大力量泵血，因而能打通腿部血脉。

（6）在打通腿部气血之前，由于双腿盘坐，形成阻隔，所以动脉血流量减少，全身血液大部分都集中在上半身，而此时心脏又在加大供血力量，因此五脏六腑会得到大量的供血，能迅速改善脏腑机能并促进大脑供血，所以练完静坐的人不会像跑完步一样觉得缺血、缺氧，而是觉得大脑特别的清醒。

（7）练双盘能迅速促进胃肠蠕动。即使饭后稍事休息后开始练习，在大约20分钟后胃就全部排空了，所以在改善胃肠蠕动缓慢方面的作用十分明显。

（8）每天坚持双盘坐20分钟，可以保证我们在老年状态仍然容颜不老，而且很难受到外来邪气的侵扰。所以练习静坐的人有感觉，虽然看似没有运动就是静静坐在那里，但是冬天来的时候或者季节变化的时候居然很少感冒。

听到师傅这么说，我畏难的心理慢慢消失，因为年龄偏大，本身韧带的柔韧性也比较差，于是抱着吃苦的思想开始进行练习。

练习双盘的步骤

第一步：床上压腿压胯

先散盘，由于柔韧性差，两边的腿翘得很高，于是我开始练习师傅教的床上压腿压胯的方法。

把两个脚掌对贴，双手按压两边膝盖，身体慢慢向前震压，做20次左右，感觉腿脚灵活了很多。接着开始过渡到单盘，这时候上面的腿会翘得很高。然后用双手压这条腿的膝盖，慢慢向下压，一下一下震压，每下压完的时候要稍微停顿一下，让膝关节有个适应的过程，直到压到膝盖能贴住下面的腿。

这就是第一步要达到的标准。对于初练的人，这已经是个很难的过程了。基本上，需要至少1个月才能压平。

这里有一个关键，就是要像揉面一样，一下一下地压，而不是一下压到平。压到平了，也不需要一直压在那里，而是要抬起来让它恢复，再压下去。累了疼了，就换腿。初压时，可以每压一会儿就休息5~10分钟，让腿有时间恢复。

我自己的经历是前一两周基本上压不平，但是，腿已经开始疼了，而且疼的地方不断变化。我记忆中最先疼的部位是腿上足三里穴位那里的一条筋，疼了2天就换地方了。但这时候就明显感觉饭量增大，可能是因为足三里穴属于是胃经，胃经被初步打通了。大约到1个月的时候，上面的腿基本压平了，可以贴到下面的脚了，但是并不是可以一直保持那么平，只是压下来没那么疼了，如果不立即抬起来还是很疼的。

第1个月是身体变化最大的时候。基本上腿上的胃经、胆经、脾经都被拉开了。胃经拉开的表现就是食欲亢进，原来稍微一吃东西就会觉得肚胀，现在这种感觉居然一扫而光，看见食物有一种莫名的欣喜感，这种感觉只在小时候家里贫困的时候才有过。

脾经疼的地方主要是小腿前面踝关节的内侧，疼完了就表示初步打通。

胆经疼的地方主要是大腿外侧，这部分打通以后，好处就更多了：消化功能增强，身体对营养的吸收更好，加上脾的功能增强，身体已经形成气血上升的趋势，开始逐渐修复体内的各种小毛病。而且由于胆经打通，胆经经过头部，既可促进大脑供血，还可使肝火得到疏泻，睡眠的质量会越来越好。

我的时间安排是这样的，每天晚上练习大约30分钟，早上15分钟。晚上要尽量多压，压完睡觉，让身体恢复，拉开的筋骨需要供血长出新的细胞。早上简单压一下，主要的目的不是进步，而是拉开避免肉又长“死了”。

我用了接近1个月的时间将腿压平，但腿仍然很疼，大概到第2个月满，疼痛就大为缓解了，但平的姿势还不能保持超过几分钟。而且，每天刚开始压的时候，都疼痛难忍，好像根本没法压下去一样。不过，只要使劲压下去一下，疼痛就逐渐消失了。大约到快半年的时候，才能做到一上座就压平，而且不怎么疼。

第二步：将上腿膝盖压到坐垫上

将下面的脚向前移动，使得上面腿的膝盖可以压到坐垫上，并与下面脚的脚跟贴平。

注意下面脚向前移动得不要太多，以上腿的膝盖压到坐垫时正好贴住下脚的脚跟为准。

这个步骤就是为把下面的脚抬上来做准备了。大约可以在第3个月就开始练习，并不需要第1步完全达到之后再开始。这个步骤会拉开膝盖弯外侧的那根大筋。练这一步，我大约疼了3周吧。第一步是基础，基础练好了，第二步就简单了。

这里要补充一点，就是调整坐垫。练第一步的时候，可以用软坐垫，到了第二步，就需要相对硬的坐垫才好。

第三步：将下面的脚垫高

用一个垫子，把下面向前移的脚垫高，高度要基本超过膝盖的宽度。

使上腿压到坐垫的时候，下面的脚实际上比膝盖高一点（或接近）。如果能在脚垫高的时候把上腿的膝盖压到坐垫上，那么把脚向内一抬，就已经可以将双腿盘上了。不过由于这时候即使使劲儿将腿盘上，你也坚持不了多久，所以没必要急于将腿盘上，仍以循序渐进为好。

以上就是我的循序渐进双盘法，应该是适合大多数人的。总的来说，最核心的环节还是第一步。第一步的练习要贯穿始终，直到你能轻松将腿盘上。

练习双盘的体会

下面总结以下我练习双盘的一些理解和体会：

（1）双盘中疼痛，表面看是肌肉或筋骨疼，其实都是经络中经筋被牵拉的疼痛，进而经络开始畅通。

（2）经筋疼过之后，相应的脏腑就开始进入良性循环，这时候各种脏腑改善的表现开始出现，学习静坐的人信心会更加坚定。

（3）经筋的疼痛是轮流的，而且是循环的。疼过1遍之后，以前疼完的地方可能又开始疼。

（4）练习过程中，学会按摩是很有必要的，平时每天压完腿可以自己按摩几分钟。

（5）如果哪一天练完以后痛得特别厉害，第二天尽量好好休息，可以按摩或者热敷，让损伤的组织得到很好的休息。

我的双盘练习进程记录

最后，我把我练习静坐的进程表列出来供各位朋友参考：

（1）第1周，一开始我选择的是软垫子，坐下去没多久胃经部位就感觉到疼痛，尤其是胃经的合穴足三里穴处会感觉疼痛得厉害，不知道其他朋友是不是也是这样，所以仅供参考。胃经有感觉之后大腿外侧胆经会疼，膝盖最疼。

（2）第2周疼痛开始转移，主要表现在下肢的阴经，所以整个大腿内侧疼，持续超过3个月。

（3）第3周，小腿前侧疼。白天放松的时候静静坐在那里会马上感觉到腿上血脉跳动。

（4）第4周，上腿压平，能贴到下面的脚上。脏腑脾胃改善的表现出来了，胃口大开，饭量明显比原来大1/3以上。

（5）第6周，将上腿压平后，用布带绑在下面脚上。第1天坚持1分钟，每天加练1分钟。绑上时会浑身大汗，血压计监测显示，绑住的时候高压（收缩压）160毫米汞柱，低压（舒张压）130毫米汞柱。松绑后，半分钟内恢复到正常（高压120毫米汞柱，低压80毫米汞柱）。第5天直接加到10分钟，明显感觉到大腿内侧动脉跳动力量加强，速度加快。

（6）第7周，本周继续坚持绑着练习，感觉已经没有上一周痛了。

（7）第8周，不再绑腿，已经能够比较自由地将腿压下。我请了一位针灸推拿大夫进行了一次全面修复性按摩，大夫说我以前堵塞的脾经已经基本畅通了。

（8）第9周，有特别的现象出现，坐下来静坐大概5分钟开始排气，就是放屁，气味不臭但是控制不住。感觉原来胃部的阻塞感觉消失，而且排完觉得特别舒服，过去怕吃凉东西的现象消失，居然喝了两次凉水后胃部都没有原来不舒服的感觉，感觉特别高兴。

（9）第10周，连续多周的膝盖疼痛现象消失，信心大增。

（10）第12周，在静坐前对胯关节做了一下伸展，自觉柔韧性大增，坐的过程中能感觉到尾椎骨部位有跳动感。

（11）第14周，本周胯关节开始疼痛，问过师傅，不是坏事，中间休息1天，疼痛现象消失。

（12）第15周，胯关节疼痛的后期明显感觉到腰开始痛，而且这种痛跟劳动之后的腰痛感觉不一样。

（13）第16周，本周开始正式双盘，居然盘上去了，虽然很痛，但是坚持时间不长，最关键的是注意力都集中在腿上的疼痛感觉，没有办法注意呼吸和意识。

（14）第17周，感觉大腿内侧有一股热气向下走到脚上，共出现3次，可能是肾经打通。

（15）第18周，背部疼痛，疼痛区域约从肩胛骨下方开始到胯骨上方，此为膀胱经走行之处。持续约3周，每周疼3天左右。

（16）第19周，本周练习了一下易筋经的调气法，居然发现内气充足，整个动作顺遂而流畅，非常高兴。

（17）第20周，胯关节又开始痛，可能是疼痛的反复，继续坚持练习。

（18）第21周，双盘基本上能坚持一段时间了，继续坚持练习中……

静坐对呼吸的要求

金庸先生在他的武侠小说《鹿鼎记》中，引用了这样一个广为人知的佛经故事。

佛祖问众僧人："生命能持续多长时间？"

一位僧人回答："能持续数日。"

佛说："你还不能够修道。"

佛又问一位僧人："生命能持续多长时间？"

那位僧人回答说："能持续一顿饭工夫。"

佛说："你还不能够修道。"

佛再问一位僧人："生命能持续多长时间？"

那位僧人回答说："生命只在呼吸之间。"

佛说："你可以说是修道者了！"

这个故事就强调了呼吸对于生命的重要意义。

生命在于呼吸，健康长寿也在于呼吸。主动地学习呼吸锻炼的方法，就是在学习主动地把握好生命。健康的呼吸方法不但会对生命的质和量产生十分积极的影响，而且能够起到益寿延年的神奇作用。

然而，在静坐的教学过程中，我发现很多人对姿势的要求很高，仿佛不能双盘就不是功夫高深的表现，对呼吸却不太在意，这种做法其实是不对的，请各位读者多多注意。

呼吸与我们的生命关系很大，一般人只知饮食可以维持生命，不饮不食势必饿死，实不知呼吸比饮食更为重要。不过由于饮食非金钱不能获得，所以觉得可贵，而呼吸是摄受大气中的氧气，是取之不尽的，所以反而不觉得可贵。但要知道我们断绝食物的供应，就是7天也

不一定丧失生命，但是一旦呼吸的通道被屏蔽了，极短时间内我们的生命就会丧失，这样也可见呼吸重于饮食了。我们学习静坐，调和气息是练习时一项重要的功夫，而要调和气息，先将呼吸的方法来研究一下，也是非常必要的。

静坐呼吸的方式

静坐呼吸有4种方式。

1. 喉头呼吸

呼吸短而且浅，仅仅在喉头出入，不能充分张缩肺叶，因此达不到充分吸氧吐碳的功用，对血液循环甚至影响负面。

2. 胸式呼吸

这种方式比前面稍好，气体出入能够达到胸部，充满肺叶。体操时的呼吸运动，就采用这种方式。但以上两种仍不能算作调息。

3. 腹式呼吸

腹式呼吸是调息中最关键的呼吸方法，分为腹式顺呼吸（包括深呼吸在内）和腹式逆呼吸。

其实现实生活中采用腹式呼吸的人比比皆是，比如戏曲演员，尤其是过去的戏台是没有扩音设备的，凡唱戏者都得练嗓子；需要喊号子的劳作者，如码头工人，搬运装卸时发出的“哼哟”声，船工和纤夫喊唱的“船工号子”，打夯的人们唱“夯歌”时的领唱声与应答声；芭蕾舞演员要求提臀收腹，这毫无疑问是运用了腹式逆呼吸的方法；肚皮舞演员的肚皮的起伏、抖动、运转，也毫无疑问是运用了腹式逆呼吸的方法；古代练武者也必练腹式逆呼吸，以增加发力的效果，称之为以声催力。养生者有一句名言：“呼吸过脐，寿与天齐！”而“呼吸过脐”就是腹式逆呼吸。我们下面就具体讲一下腹式呼吸。

腹式顺呼吸法是指吸气时让腹部凸起，呼气时压缩腹部使之凹入的呼吸法，亦称“自然腹式呼吸”。而腹式逆呼吸方法则相反，吸气时腹部凹进，而呼气时腹部突出，故称“改造自然反式呼吸”。这两种呼吸的生理作用各有不同，我们必须认真了解它们，再结合个人的情况来选用锻炼。

腹式顺呼吸运用腹肌来加强横隔的运动，练习久了，可以扩大肺部容积，加强胃肠道及其附近无数毛细血管吸收营养物质的功能。练习腹式顺呼吸后会感到胃口好，营养足，精力充沛，自觉一切平和舒适，尤其对于呼吸困难的喘病、肺活量不大的非活动性肺结核、心脏衰弱或消化失调的患者，是一种良好的休养方法。自然腹式呼吸又可作为腹式逆呼吸的准备阶段，进行这种呼吸不会发生不良的副作用。

腹式逆呼吸运气行走于全身，刺激各神经末梢，扩大并疏通各毛细血管，这对治疗患处和加强肌肉发达有着强大的作用。因为它的呼吸范围不仅直接影响到心肺及胃肠的内脏，而且还影响到脑部和四肢各组织、各关节。腹式逆呼吸宛如排挤脓浆，能消除内脏各处症结，使病灶充血生肌，早日愈结。这种呼吸吐纳量大，血氧高，循环好，健康人练了可以更加健壮，病人练了可以治疗疾病。但为了练好这种腹式逆呼吸，必须下苦功夫锻炼，不可偷懒和贪图省事。

应该先练腹式顺呼吸，还是一开始就练腹式逆呼吸呢？这要根据个人的健康状况、病种和病情来决定。如血液循环不良的人，就可以直接做腹式逆呼吸。此外，在同一次练功中，也可以先练自然腹式顺呼吸，过了若干分钟之后，呼吸逐渐深长了，血液畅达和内脏机能强盛起来，再练腹式逆呼吸，使用“气”的工作效率加大。

此外，练习的读者还应该注意，呼吸时丝毫不可用力，要使鼻息出入极轻极细，渐渐深长，自然到达腹部，连自己耳朵也不闻鼻息出入的声音，方是调息。

4. 体呼吸

静坐功夫，年深日久，呼吸深细，一出一入，自己不觉不知，好像入于无呼吸的状态，虽然有呼吸器官，若无所用之，而气息仿佛从全身毛孔出入，到这地步，才是达到调息的极致。

静坐呼吸的练习

为了使呼吸能够正常而熟练，必须进行长时间的练习。我们平时的呼吸，每次只能吸入约350cm^{3}的空气。如果能加强呼吸的深度，那么每次便能吸入1 500~2 000cm^{3}的空气，做到充分交换肺里的气体。但静坐时，必须逐步做到无思无虑，假使注意呼吸，心便不能宁静，而且在静坐时，也不适合深呼吸，因此呼吸的练习宜在静坐的前后。无论自然呼吸还是静坐呼吸，有共同点如下：

（1）盘膝端坐，与静坐时的姿势相同。

（2）先将短呼吸练习纯熟，渐渐加长，最长时每一呼一吸约能占时1分钟，但决不可勉强，务使自然。

（3）呼吸的气息，宜缓而细，静而长，徐徐注入下腹。

（4）呼吸时应用鼻而不可用口，因为鼻是专司呼吸的器官，内有毛，可以障蔽尘埃。口并非呼吸器，假使用以呼吸，等于侵夺鼻的功用，渐渐有使鼻孔阻塞的可能，而且尘埃入口，易生疾病，所以无论什么时候，口宜禁闭。

（5）每日清晨可择空气新鲜的地方，练习5~10分钟。

（6）至于静细的呼吸，每日不论什么时候，随时随地，都可练习。

静坐时的调息功夫

上面已经说过，调和气息，是学习静坐时的一项重要功夫。因为息不调和，心便不能安定。而息相是静坐时最佳的呼吸状态。

凡平时能练习静细的呼吸，以及静坐已有相当一段时间，心念安定的人，一入坐不到数分钟，气息便已调和，而自己也不觉得有呼吸一回事，这样的人就不需要再着意去调息，反使心不安定，因为心念安定不动，气息便自然调和。但初学的人，每每不免出现心烦意乱、息不调和的情况，那么可根据下列两种方法来加以调和。

数息

数息就是在坐定以后，默数自己的呼吸。数息时不一定要注意呼吸的长短，也不一定要注意小腹。有人注意小腹蠕动的感觉，但不得用心意去控制它；这种方法用久了，只有静坐的舒服感、稳定感。注意小腹，不易觉察妄念；若数呼吸，即可知道妄念出没。数息通常是数出息，每呼一口气，数一个数目，从“一”数到“十”。但是，也有人数入息，那就要看个人呼吸习惯。一般人呼气长、吸气短，但也有些人刚好相反。我们要数慢的，出息慢就数出息，入息慢就数入息。数呼吸时，发现妄念不管它，马上回到开始最重要。

如果你根本不能数到“十”，或有时候数过头，这种情形，倒数比较好。倒数能让你有更多的工作做，注意力便比较容易集中了。从“二十”数双数，一直数到“二”，再从“十九”数单数，一直数到“一”。这样子，妄念就会渐渐减少，还可消除初学静坐易发生的昏昏欲睡的毛病。

随息

随息随的就是感觉。要用心来呼吸，不是用身体呼吸，直接用心来体会。出息要完全，入息要充足，是全身呼吸，不只是横膈膜深呼吸。出息要觉察全身一节节有气感（有如喝下热开水，水温暖遍全身，节节推出），一节节松开，入息要觉察全身一节节拉紧、收缩。要用心，全身一节节呼吸。若未觉察需要出入息，就止息，止息之后自然知道需要出入。

能在吸气的时候，感觉吸气是一种全身的收缩；能在呼气的时候，感觉呼气是一种全身的放松。吸气有提神的作用让我们不昏沉，呼气有安神的作用让我们不散乱。这个作用要自己去感觉，当我们感觉到的时候，我们对出入息的感受会更体贴，更受用。

随息时呼吸有两种分法。

第一种分法：初（开始）、中（中间）、后（结束）。全心全意去体会这3个阶段不同的感觉是什么。犹如吃东西，开始嚼是一种味，嚼到一半的味又不同，嚼到最后味又不同。东西在口中嚼动，味觉在变化。我们对呼吸也是如此去体会。这都是在培养对呼吸的正知正念，让我们的敏锐度愈来愈强。

第二种分法：上（鼻）、中（两乳之间）、下（丹田）。去感觉吸气由鼻孔进入，经过胸部中心位置到丹田，再由丹田呼出，经过胸部中心位置从鼻孔呼出。感觉这3个点有空气进入、有空气流出，没有间断。

我们用的是自然呼吸，不用刻意地控制呼吸的长或短，也不用让呼吸忽长忽短，有任何长短变化，都是渐近的。最好的状态是感觉吸气，从开始吸、吸到一半、到快要结束，没有间断；感觉呼气，从开始呼、呼到一半、到最后，没有间断。吸与呼之间、呼与吸之间都没有间断。

很自然、很单纯、一心一意去感觉呼吸，身体自然会静下来，心自然会静下来。因专注而呼吸逐渐变短、变细，因专注而心逐渐统一，就变得很省力。

随息纯熟以后，心念更觉凝静，便可更进一步来练习做好调心功夫。

迅速入静六字诀

静坐最难的就是排除杂念，进入入静状态，而入静又是深入功境绕不过的一关。

很多初练静坐的人会给我留言：禅一老师，我每次练习静坐，只是坐了，却很难静下来，该怎么办呢？

其实老祖宗早给我们留下了对付难以入静的好办法，那就是六字诀——嘘、呵、呼、呬、吹、嘻。

六字诀发音及属性表

六字	嘘	呵	呼	呬	吹	嘻
拼音	xū	hē	hū	sī	chuī	xī
气息要点	从槽牙间舌两边的空隙中经过，缓缓而出	从舌与上腭之间，缓缓而出	从喉经口腔中部与撮圆的口唇，缓缓而出	从齿间扁平送出	从喉经唇间狭窄，缓缓而出	从槽牙边的空隙中经过，缓缓而出
脏腑	肝	心	脾	肺	肾	三焦
五行	木	火	土	金	水	相火

六字决辅助入静法

六字决最早见于陶弘景所辑的《养性延命录》，该书引述仙经云：“吐气有六者，谓吹呼嘻呵嘘呬，皆出气也。”在五行上，六字诀还与脏腑一一对应，比如嘘字诀主肝属木、呵字诀主心属火、呼字诀主脾属土、呬字诀主肺属金、吹字诀主水属肾、嘻字诀主三焦属相火。

六字诀的作用就是通过六字诀调息，排出五脏的浊气，理顺五脏的气机，这样，自然也就容易入静了。

比如静坐时，可以坚持如下练习。

（1）静坐时感到心烦意乱，可以将六字诀按照五行相生之顺序：嘘、呵、呼、呬、吹、嘻默念。每个字念6次为1遍，6个字36次为一轮。一般做 1 ～ 2 轮即可。

（2）做好入静后，口吐“呵”字音数口，只吐气流不出声，可以排出五脏六腑之污浊之废气，使体内五脏清虚，然后进行调气，使清气在周身通调，有益于身心。

（3）练习静坐的人，平时应薄滋味、节饮食，这样有利于安静修炼中经络气血的通畅。并于每次饭后即刻吐呵字音数口，使饮食后的热浊之气呵出，这样有利于胃肠的清虚和气机畅通。经常坚持饭后吐呵字音可预防很多疾患。

（4）练习静坐的人一般不饮酒，如偶尔饮了点酒，即刻开口吐呵字音，可以大开口吐呵字音数次。如饮酒较多，可吐呵字音十数次到数十次，吐音时意念酒中之酒精毒气被呵出，这样做可防酒精伤人。

（5）如肾气虚，静坐时常感腰膝寒冷。可以在清晨日出时做“呬”和“吹”二字功，因呬为肺金，肺为水之上源，补肺先补肾；吹以去冷，又可补肾。呬和吹二音可使腰膝寒冷之气被吐出，达到温补肾阳之火的作用。可各吐6~36次，吐音之后以鼻吸太阳和暖之阳气入肾、腰、膝以再补肾阳之气，壮腰肾。

（6）对肝虚目不明者，每晨睡醒后不要睁眼，以保持一夜之精气，以双手拇指背肌互相搓热后，趁热熨双眼，仍闭眼，左右平熨双眼14遍，熨眼时要从眉部熨到下眼眶。熨完14遍之后，猛然把眼睛瞪到最大限度，同时猛张口到最大限度，大吐呵字音一口即止。此为古人对眼睛的保养功法之一，养成习惯长期使用，可防治眼疾。

其实不单是为静坐服务，单单练习六字诀本身就能够调理脏腑，

健康身体，甚至治病。

六字诀养生祛病法

声音也可以治病？很多人可能会表现出怀疑的态度，但事实上我们祖先早已发现声音确实是可以治疗疾病的。

比如我们在钉钉子的时候，如果锤子砸了手指，我们会把手指含到嘴里吹气。从中我们可以理解，我们为什么要吹、要呼。这大概是最简单的气诀。我国的医学宝典《黄帝内经》中说："五脏有声，声各有音。人有五音，即宫、商、角、徵、羽，其声大而和、轻而劲、沉而深，声音相和则无病。"这就说明了五音连着五脏，故中医诊病有一绝，不但听其声而知病，而且总结出一套反其道而行之的纳音治病法，就是利用声音来治疗疾病的方法。

关于六字诀，近代少林著名武僧妙兴和尚也说："六字者何？即呵、嘘、呼、呬、吹、嘻是也。每日子后午前，静坐叩齿咽津，念此六字，可以去五脏之病，而强壮内膜，惟宜轻念，耳不闻声。又须一气直下，效应如神，道院多习之。"其意思就是每日子午前，静坐叩齿咽津，念这六个字的发音，可以强壮脏腑、祛除疾病。但是一定要轻念，念的时候自己的心能够听见，而不是耳朵能够听见。

我在临床中按以下几种六字诀配方辅助治疗疾病，实践证明效果是很显著的。

1．五行相生通治法

这是最常用、最基本的六字诀通用治病法。六字诀的顺序是按照五行相生之顺序：嘘、呵、呼、呬、吹、嘻，每个字吐6次为1遍，6个字36次为1轮。健康人1天做1轮即可，治病可根据病情每天吐2~4轮。

按此相生顺序为什么有利于健康呢？因为木生火，肝气可以生心气，念嘘音可通肝之气，念呵音可通心之气，以此类推，肝藏血可以济心血，肝的功能正常可以加强心脏之功能。火生土，即心气生脾气，心阳可以化生脾阳，使脾的运化功能健全，消化吸收正常，所以人的心情愉快，心阳正常，则食欲好、消化好。土生金，即脾气生肺气，是指脾胃功能好，不但能消化食物营养身体，还可以化水湿，有祛痰健肺的作用，往往消化好时不易患感冒咳嗽。金生水，肺气生肾气，肾气也能生肺气，金和水还可以互生，肺气应下纳于肾，临床上肺气虚者常滋补肾气以养肺气，肾气虚者常从脾胃求之或先补肺后补肾。水生木，肾气生肝气，肾为肝之母，肾精可以滋养肝阴，水涵木可以防止肝阳上亢，如高血压病患者要多滋养肾气。

2．单字治本脏疾病法

如患者某一脏腑临时有病，可以单吐六字诀中的一个字或两个字对疾病加以治疗，既可节约时间，效果还往往很好。

具体做法是仍用五行配五脏方法，选择与患病脏腑相对应的字，吐音6~36遍，不吐其余5个字。如心中烦闷，心情不好或发怒之后可吐嘘字音，眼睛红肿也可单吐嘘字音；如夏天太热，口舌生疮或心脏有不适感可吐呵字音；如消化不良，腹胀腹泻可吐呼字音，习惯性便秘者如厕前先吐呼字音有助于排便；预防感冒或稍有感冒咳嗽时即吐呬字音；如肾虚腰膝冷痛可吐吹字音，因肾气不宜泻，吹字功最好不单独使用，可先念呬字再念吹字，此二字补肾效果最好；如临时耳鸣或心中烦热可念嘻字，或胆囊炎、胆结石有疼痛时也可单练嘻字功。如临时短期的病可以练单字，待病情减缓后，每日可将六字诀全部吐音一遍。

3．虚者补其母法

此法用于子有虚症，为子虚补其母法。如心有虚证表现为心悸失眠、多梦、多汗健忘等症状，可吐心之母肝之音嘘字，吐音要很轻，这样吐音后可使肝之气血接济心之气血，以达到母壮则子肥的效果，以此类推。详见后文“六字诀配方应用表”。

4．实者泻其子法

如母有病属实症，可用泻其子之法来治疗母脏之实症。如肝炎患者有急躁易怒、胸胁痛、头痛目赤、小便黄、大便干等肝火上炎的症候，可用肝之子心之音“呵”字平心气以泻肝火，对各种肝炎治疗都有效，但临床应用时仅用于肝之实证。

5．五行相克法

五脏造化之机既要有生，也要有克，克是抑制某一脏腑之太过，只要克的正确，可以促进该太过脏器的生机，使之由太过的病理状态恢复到正常的生理状态。吕祖《医道还元》说：“五脏内藏生克，克处自是逢生。”例如用金克木的方法，肝属木，肺属金，如肝阳太盛，出现肝阳上亢的头痛眩晕时，可用肺金克肝木，吐呬字音克肝阳，可以抑制肝阳上亢，治疗头痛。因为克的正确，肺气足可使肝之母肾气足，肾水上升以滋养肝木，木得水后“阴平阳秘”，可恢复健康。依此类推。

6．母子皆病同练法

此为先有母或子一脏发病而后引起其子或母之脏也发病者，即母病及子和子病累母（也叫子盗母气）。如脾胃先病肺后病叫母病及子，因土为金之母，脾胃为肺之母。临床常见患有恶心呕吐、厌食、大便泄泻的脾胃湿热症状，因不能运化水谷以致身体抵抗力下降后发生感冒、咳嗽、鼻塞等肺系症状者，叫母病及子。

又如肺系先有病脾胃后有病的叫子病累母，因金为土之子，肺为脾胃之子。与上例相反，即先患感冒有鼻塞咳嗽的功能肺系症状，感冒后影响脾胃，出现不思饮食、大便干等脾胃症状，叫子病累母。无论母病及子或子病累母，均需母子二脏之音同练。可根据病情规定次数，先吐母音后吐子音即可。

最后将以上六字诀配方应用列表如下：

六字诀配方应用表

脏腑	五行相生通治法	单字治本脏疾病法	虚者（轻吐）补其母法	实者泻其子法	五行相克法	母子皆病同练法
肝（木）	嘘	嘘	吹	呵	呬	嘘呵
心（火）	呵	呵	嘘	呼	吹	呵呼
脾（土）	呼	呼	呵	呬	嘘	呼呬
肺（金）	呬	呬	呼	嘘	呵	呬吹
肾（水）	吹	呬吹	呬	嘘	呼	吹嘘
三焦（相火）	嘻	嘻	呼			

此表使用方法：应先以五行相生通治法为基础，即按嘘、呵、呼、呬、吹、嘻顺序，每个字念6次为1遍。也可以根据病情选用本表中之一或两种练法，每个字不可读得太多，一般读6~36次。请注意疾退即止，过度则损。

静坐的关键是对心的调整

静坐的目的，不但在于促使身体的健康，而最最重要的还是在于对妄心的调伏。调伏妄心我们就会产生智慧，所以从这个角度来说，静坐所产生的身体健康效应还仅仅是静坐的副产品。

调息中的数息、随息等虽是调息的方法，实际上也是调心的良好方法，因为专心数息时，心息相依，念头便无法驰散。但我们的思想，纷纭杂乱，最难控制，数息、随息等还是初步的调心方法，仍有进一步由粗入细，加以调伏的必要。

关于调心的方法有以下几种：

系心一处法

由于我们习惯于感知外在的刺激对我们身体的影响，因此在日常生活中我们的思想就像跳动的火苗，一刻也是不停息的，这就让我们在静坐的过程中不去随便产生妄念变成一件极为困难的事情，那么怎么克服这种现象呢？

历代先贤在练习过程中总结了宝贵的经验——系心一处法。系心一处法就是放下一切杂念，而专心存想脐间或鼻端，这样因心有所缘，渐渐纯熟，便不致胡思乱想，正像将猿猴锁于一处，它便无法跳腾一样。

学静坐的人都知道，初学时最容易出现两种现象：一、初坐时杂念丛生，不容易收摄心神；二、静坐稍久，妄念较少时，心中昏沉，容易瞌睡。

注意脐间的办法，不但可以对治念头的散乱浮动，而且根据生理上的定则，我们心念专注在什么地方，血液也必集中在什么地方，系心脐间或脐下，能使血液下趋，有效提升丹田能量，有治病健身的作用。至于治昏沉的办法，最好注意鼻端，使心念向上，精神振作，而且有助于调息。一般说来，在晚上静坐时，由于日间劳倦容易有昏沉现象，若早晨静坐，便不会发生。

佛家练习静坐为了对治初学者的邪思杂念，并治病保健，也借用意守丹田法。如《修习止观坐禅法要》说：“脐下一寸，名忧陀那，此云丹田，若能上心守此不散，经久即多有所治……若安心在下，四大自然调适，众病除矣。”

历代气功家多主张意守下丹田（气海穴位置），因为这个部位与人体生命活动的关系最为密切，它位于人体中心，是任脉、督脉、冲脉三脉经气运行的起点，十二经脉也都是直接或间接通过丹田而输入本经，再转入本脏。下丹田是真气升降、开合的基地，也是男子藏精、女子养胎的地方。《难经》认为下丹田是：“性命之祖，生气之源，五脏六腑之本，十二经脉之根，阴阳之会，呼吸之门，水火交会之乡。”所以丹田元气充实旺盛，就可以调动人体潜力，使真气能在全身循环运行，这也是意守丹田，可以调节阴阳、沟通心肾、恢复先天之生理机能、促进身体的健康长寿的原因。通过一定时期的意守丹田锻炼，内气（此指感觉）就会在该区聚集，慢慢还会产生一些热、重、胀以及类似热气流的感觉，并逐步明显。再练下去，无需用意念引导，就可能自然地出现内气顺任脉—督脉循行的感觉。

部分女性患者，经期意守丹田时如出现经期延长或经量过多的情况，可改为意守中丹田，即膻中穴部位。膻中穴位于胸部两乳之间，为中气汇集开阖之处，也是任脉与脾、肾、心包等经络汇集之处。意守膻中穴，具有调和气血的作用，可调节和治疗某些妇科疾病。

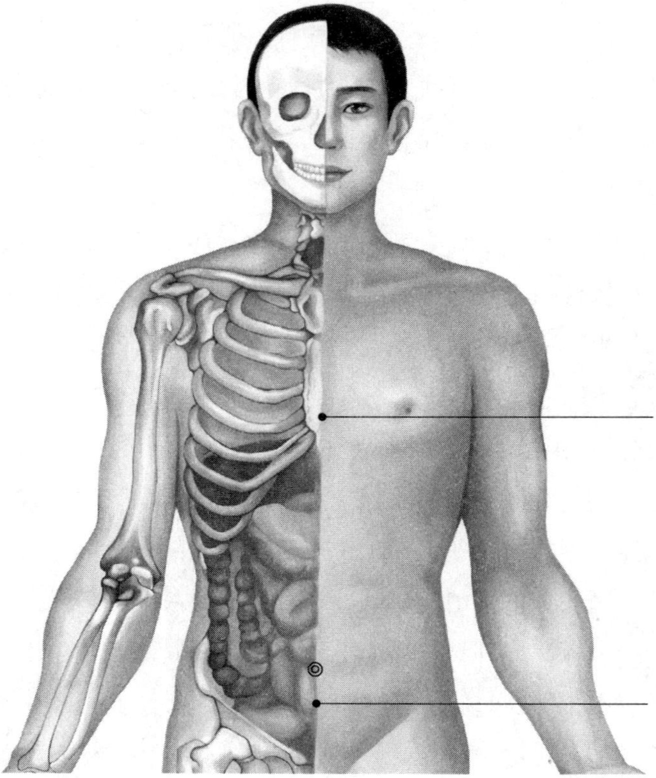

返照内观法

系心一处法在静坐练习的过程中还属于层面上比较粗浅的部分，但也需要有一个比较长期的时间才能达到效果，之后就要学习进一步的练习方法——返观内照法。因为我们无始以来的贪嗔等烦恼习气，根深蒂固，非进一步练习观照功夫不可。

这种内观法，也可叫内视术。就是我们平时的两目，都注视外物，现在当静坐时，可先放下身心一切万缘，将两目合闭，来向内细细返看自己的念头。那时一定觉得妄念来来往往，生灭不停。对于这些妄念，我们既不要去攀缘它，也不要去遣除它，只要知道它本来空寂，耐心静静观照，前念起时一返照，前念便空，后念起时再返照，后念又空，这样念念生起，念念返照，便得念念空净，这实是正本清源的调心方法。

孙思邈《备急千金要方》中又载有黄帝内视法，即练功时取站、坐、卧均可，手足随意放置，两目轻闭，全身放松，一意存想体内五脏，一个个如悬挂的古式钟磬，光芒四射，五色分明。肝为青色，心为红色，脾为黄色，肺为白色，肾为黑色，一般按五脏相生的次序把一脏观想清楚后再想下一脏。

初学静坐的人，往往有这样一种感觉，“不学静坐，妄念尚少，一学静坐，妄念反多”，对这一问题，我们要有正确的理解。要知道我们的念头，忽生忽灭，本来就很多，不过平时在动乱之中，不易察觉，一旦入静之后，方能了了看清。比如室内虽有飞尘而不见，假使门窗透入阳光，方见尘埃纷纷飞舞，所以能察觉妄念多是一件好事，说明我们开始对自身有了一定的了解。我们只要摒弃一切勿想，用坚定不移的毅力，精勤地练习观照功夫，到相当时间，妄念便能自然消落而达到心意寂然的境地。

这种观照功夫，假使在静坐中练习纯熟，渐渐能在平时日用之间，刻刻用心，凛然觉照，做到虽不静坐，也能如静坐时的心志静定，自将在日常生活中有更大的受用。

意念系缘一境法

中国人的静坐方法，分有两派。一种是无为派，不作任何冥想，专注一事，端身正坐。另外一种是有为派，采用意念系缘一境法。此法又分3种：

1. 默念法

不必出声，心想默念。思想宁静，心情舒畅，气血流通，精神愉快，飘飘若仙，如入云中，身轻如腾云驾雾。如果血压低念“血压升高”，若血压高念“血压降低”等词句。若念与观想一起并用，功效益见迅速。但不可超过7个字，字多易生杂念。若是佛教徒，可默念“南无阿弥陀佛”或念“南无观世音菩萨”均可，一般也不要超出7个字。

2. 意念专守外境

用心去想身外之物。例如百花齐放，海洋无边，晴空万里，中夜星辰，青松柏树，宇宙一体。俗语有说：“笑一笑就少一少，恼一恼就老一老。”若人经常想开心事，就会健康长寿。

3. 意念系缘内境，专心注意内身

（1）系念百会穴（头顶中间）。道家所谓：“双眼遥思运顶门。”百会穴既是长寿穴又是保健穴，可以激发体内的阳气，调节心、脑血管系统功能。头部是诸阳之会，百脉之宗，而百会穴则是各经脉气会聚之处。穴性属阳，又于阳中寓阴，所以静坐意守此处能够通达阴阳脉络，连贯周身经穴，对于调节机体的阴阳平衡起着重要的作用。

（2）系念祖窍穴（两眉中间）。两眉中间又叫印堂穴。健康的印堂要具备3个要素：红润、明亮、圆润。红润是要求白里泛红而鲜活，不能是没有生气的死红色，明亮是指印堂部位的皮肤具有健康光泽，而非枯槁无光，圆润要求印堂部位皮肤饱满而非皱缩。印堂过红代表血脂异常、血压高、脾气大、易中风；印堂凹陷则表示先天心脏功能较差、心脏供血不足、易紧张、易患焦虑症；印堂发青说明心脏、大脑轻度缺氧；印堂发黄则说明人体气血不足、脾胃虚弱；印堂有川字纹说明心脏供血不足、易焦虑。由此可知，静坐之时意守印堂，久而久之，对健康极为有益。

（3）系念中宫（两乳中间）。此处又被称为膻中，就在两个乳头连线的中点。膻中穴是心包经的募穴，也就是脏腑之气汇聚的地方，所以又被称为气会。膻中穴是和人体最重要的物质活动基础——气密切相关的，但凡和气有关的疾病，如气虚、气机瘀滞等都可以找它来调治。生活中人们经常发现，有人受了什么刺激，生气了，尤其是年纪大点的女性，易出现捶胸顿足的动作，这往往是由于气行不畅，气滞血瘀，心脏供血不足造成的。这时可以帮她按压膻中穴，促进心肌供血。如果有气滞疾病的朋友，发现胸口难受的时候，要赶紧坐下来休息，用大拇指轻轻地按揉膻中穴，给身体一点外力的帮助。年纪大点的人，由于经年累月的堆积，血管往往有些堵塞，很难像年轻人那样顺畅自如，所以平时作为一种保健措施，也可以经常按摩膻中穴，加强气的运行，这样对于防治心血管等方面的疾病也有很好的帮助。静坐的人经常将意念放在这个地方，久而久之，跟气有关的疾病都会迎刃而解，当然，配合点穴按摩效果会更好。

（4）系念肚脐。肚脐又有一个说法叫做神阙，我们说“神”是心灵的生命力，“阙”是君主所在城池的大门，所以神阙又有“命蒂”之称，你看瓜蒂，连着瓜秧和瓜果，没有了它还有瓜吃吗？我们都知道，小孩儿在没出生的时候就是靠着脐带从母体里吸收营养的。两者多么相似啊，这样就能理解为什么神阙是我们身体的一大要穴了。首先脐是胎儿从母体吸收营养的途径，所以向内连着人身的真气真阳，能大补阳气；另外它有任、带、冲三脉通过，联系五脏六腑，所以如果各部气血阴阳发生异常变化，可以借刺激神阙穴来调整全身，达到“阴平阳秘，精神乃治”的状态。中医认为脐腹属脾，所以本穴能治疗脾阳不振引起的消化不良，全身性的阳气不足，包括四肢发凉怕冷、男科妇科等多种生殖系统疾病。在当今社会，穿露脐装的女性比比皆是，其实对身体是很没好处的，虽漂亮一时，但久而久之，不仅会影响自己的经期，还很容易导致痛经，并影响子宫的功能。

古代练习静坐的先贤观想肚脐如豆般大，首先解衣详细审视清楚，然后闭起眼睛，令身心调和。

（5）系念丹田。道家以心之灵气为丹，如田可以植禾，意即一

切成长，不出此丹田外。脐下是下丹田，在心窝处的是中丹田，在两眉间的是上丹田，其中尤以下丹田为重。下丹田亦名气海，全身之气集聚于此，然后由此分布遍身。若心贯注丹田，心到则气至，气到则力至，力到则血至，有力则使血液推至全身。所以对于阳气不足、生气乏源所导致的虚寒性疾病，气海穴往往具有温阳益气、扶正固本、培元补虚的功效。经常意守气海穴，能使百体皆温、脏腑皆润，促进肠胃蠕动、气血顺畅，强化肝脏及消化道功能。意守腹部，久而感觉发热，小腹会咕噜咕噜地响，故前人有“气海一穴暖全身”的说法。如果心火不足，可藉外火相助，用艾条灸下丹田，每次30分钟，早晚各1次，如此不仅却寒，且能大补元气，畅通气脉。

（6）系心涌泉穴。涌泉穴为全身腧穴中最下面的一个，是肾经的首穴。《黄帝内经》中说：“肾出于涌泉，涌泉者足心也。”意思是说：肾经之气犹如源泉之水，发源于足下，涌出灌溉周身各处。因此，涌泉穴具有益精补肾、滋养五脏六腑的作用。在人体养生、防病、治病、保健等各个方面，涌泉穴都有着举足轻重的作用。经常把意识停留在此穴位，能活跃肾经内气、固本培元、延年益寿，特别对于神经衰弱、精力减退、倦怠无力、妇科病、失眠、嗜睡症、高血压病、晕眩、焦躁、糖尿病、过敏性鼻炎、更年期障碍、畏冷等，都有很好的效果。

（7）运心病处。在静坐对治疾病的概念中，心占有很重要的地位，认为只要专心致志，用心于疾患之处，所患疾病就会很快缓解。所以经常会有一个比喻是心为大王，疾病是盗贼，当大王出现在盗贼所在的地方的时候，盗贼就会恐惧不安，望风而逃。

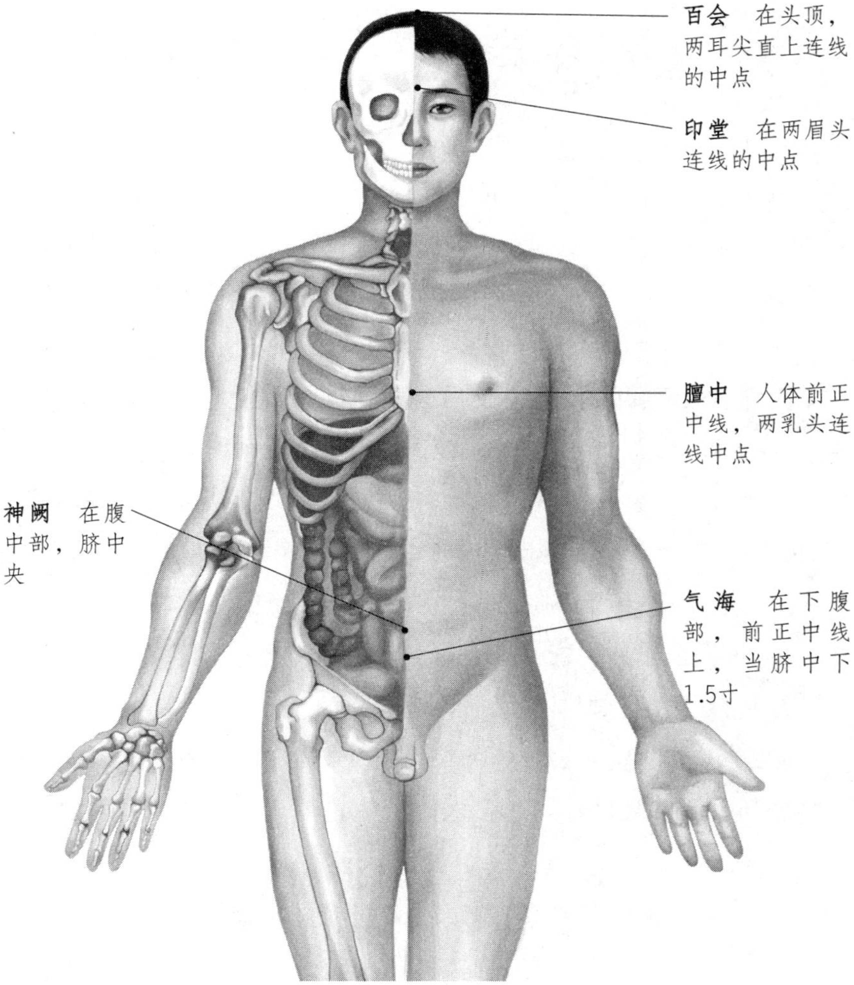
百会 在头顶，两耳尖直上连线的中点
印堂 在两眉头连线的中点
膻中 人体前正中线，两乳头连线中点
神阙 在腹中部，脐中央
气海 在下腹部，前正中线上，当脐中下1.5寸

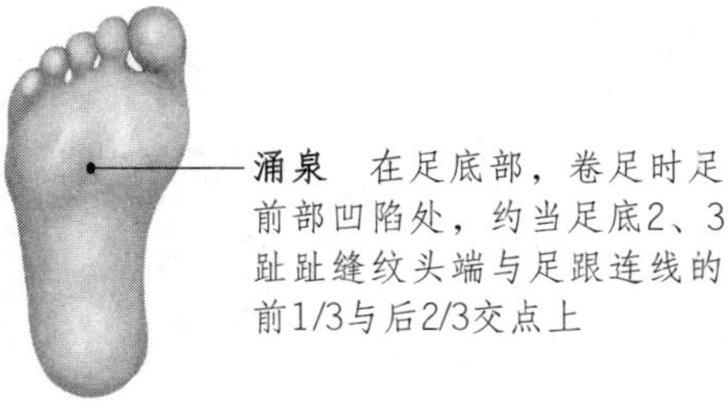
涌泉 在足底部，卷足时足前部凹陷处，约当足底2、3趾趾缝纹头端与足跟连线的前1/3与后2/3交点上

天冷静坐身体紧，不妨常常拉拉筋

每到冬天，总有一些学生或网友问我：“最近感觉腿的灵活度下降了，原来盘得好好的腿现在盘起来很困难，怎么回事？”其实这是正常现象。

在少林寺的僧侣活动中，夏天主要做的事情是游学和辩禅，在冬天来了以后最重要的事情就是坐禅，他们在一代一代的禅修中总结了丰富的经验，其中对治天冷静坐肢体拘紧的办法就是拉筋。

常言道：腰主骨，膝主筋；膝连胯，主全身。所以说：膝是筋之府，胯为膝之主。冬天静坐熬腿那个疼谁都知道，其实之后的胯酸更熬人。这里介绍一种最简单也最不痛苦的拉筋方法：

（1）坐在床上，背伸直，切记腰要挺起来，不然上身重量又是压在胯上的。早期可以靠墙练习。

（2）弯曲膝盖，脚掌对脚掌，脚尖脚跟对齐放在床上，两腿这时是分开的，腿内侧朝上，两腿膝盖朝向两边外侧。两个脚跟尽量靠近身体。

（3）双手抓住对好的脚掌，使劲让两腿膝盖同时往下用力，就是往床的方向，尽量让膝盖、大腿贴到床上。这时会感到两个胯部（股骨头的位置）有压力。时间和次数自行掌握。一开始肯定不容易让膝盖压到床上，要量力而行。一定要尽量靠自己大腿和胯的力量。此时的关键是保持腰和背的直立，一定不要让上身重量压在屁股上。

（4）放松大腿和胯，保持第2步的状态。在挺直腰背的情况下尽量用胸往前下方贴，也就是用胸去靠近抓着两只脚的手。这时候会感觉腹股沟处有压力和撕扯感。时间和次数自行掌握，要量力而行。此时的关键是保持腰和背的直立，且一定不能含胸。不含胸有个窍门，就是胸下压的时候脸不要朝床的方向，而是向前方，把脖子拉长，下巴朝远处下方。

以上是拉筋的基本方法，除此之外，禅师们还在坐禅的过程中总结了不少的拉筋的经验。

静坐前立正蹲蹲膝，不要前俯，再旋转膝关节；然后抬起大腿使之和地面平行，这样踢腿溜一溜膝关节。如果平时只能单盘，在厚厚的冬衣下，再打坐时就会造成弯腰和跷腿；这时就挺直腰，然后用手压所跷腿的膝部，越是压的时候，腰越是应该挺。就这样不厌其烦地练习，累了就换另一条腿单盘。

挺直腰在整个打坐过程中都是必须的，尤其对于初习者。虽然两手放在膝部这样坐着，有种硬撑的感觉。但是，初习者的筋是僵的，拉筋拉筋，就是要以硬治僵、以骨带筋。所以，初习者的静坐可以叫撑坐。挺直腰的过程有个诀窍，那就是用头领腰，在七支坐法中这是非常重要的。当腰胯酸软时，沿左右方向旋转着扭动扭动颈部，便可以觉得不酸软了。

在压膝关节的筋之时，有意识地找矮凳子坐。然后跷二郎腿坐在小凳子上，用手将踝关节放在大腿上压住，然后用另一手压膝关节，这时需要注意的也是挺直腰。

初习双盘者最好金刚坐和如意坐两种坐姿换着坐，以达到充分的拉筋效果。这时候上翘的足部成了重点，正确的练习应该膝、踝一起压；我们常说的膝主筋，这个膝里也包括踝，因为膝踝一体，都是筋之府。如果希望加大拉筋的尺度，可以在踝关节下垫上高度适宜的软垫。

膝、踝拉筋练习有个窍门，说是捷径，快与不快又和你的忍耐力成正比。就是当你准备结束练习时，腰胯酸、下肢麻，尤其上边的腿甚至已经是麻到木的感觉。这个捷径就是抓住此时此刻的感觉，珍惜这个宝贵的时机，拉上边腿的筋。方法是：用近足的手从里边托住踝关节，另一只手从外边扳住小腿，然后一起上抬至适宜的高度，停住不动，感觉筋的牵拉慢慢强烈，一分钟后慢慢放下，这样重复练习。

练习时间当然要量力而行，从数秒到半分钟，这样循序渐进地趁热打铁。如果想百炼成钢，忍耐在此时此刻是必须的，要坚持到忍无可忍之时才能够出成果，而且注意保持挺直腰的打坐姿势。此刻你会感觉膝关节竟然这般灵活，在旋转踝关节时会有更加不可思议的感触。

此外，冬天练习静坐的时候可以多做一下晃海，这是师父传给我的秘诀。晃海是一种自我保健运动，是练功者在静坐的基础上，轻柔地旋转、摇晃上身，使五脏、六腑、四肢、百骸都得到运动，能推动经络运行，调和气血，增强内脏功能，有病治病，无病强身，特别对于胃肠功能紊乱的患者效果尤为明显。

具体方法如下：

（1）平坐或盘腿坐，两手放在两膝盖上方，以舒适、放松为度。头正，身直，鼻对脐，松静自然静坐片刻。然后轻轻放松身体，先从右向下俯身，继而向左旋转、舒身、上起，转1圈，归于原位。接着向左下俯身，向右旋转、舒身、上起，转1圈，归于原位。左右各转18~36圈，最后还原成静坐姿势。

（2）如用平常坐式，以坐木凳为宜，但臀部只坐凳面的前1/3~2/3处，两脚分开，与肩同宽。若用单盘坐时，左脚在上则应自右向左旋转，右脚在上则应自左向右旋转；反方向旋转时应调换脚的位置；俯身旋转时以腰为轴，以鼻对脐为准（不要仰头）。转身、俯身的高低以适宜为度，头昏、血压高、胸闷等可高些，胃肠病等可不高不低，腰背、四肢酸痛可低些。

练功时，要求慢、匀、松、静。意境里海阔天空，全身徐徐晃动，似与大海之气融为一体，以符晃海之名。如练功目的是以治病为主，每日宜练多次；以健身为主，则每日睡前在床边左右各晃36次，约15分钟即可。

除了拉筋运动，冬天静坐在饮食、环境等方面也要注意。

中医五行理论讲，冬季属水，水能生木；五脏中肝属木，肝又主筋。肝喜欢调畅和通达，厌恶压抑和忧郁，筋也喜欢温暖，厌恶使之收引的寒冷。所以我们静坐的环境至少要让身体觉得温暖，而不是因为寒冷而出现畏惧的心理。

想要水生木，必须让水有生发的温煦之力，在饮食上吃些温补肾阳的素食固然重要，能够节欲保精才是关键。如果家有暖气，练习时间适宜选在傍晚，因为筋骨活动了一天，练习后也不会受到室外寒冷的侵袭，经过暖和舒适的休息，练习的成果自然得到了保护和巩固。

将静坐延展到日常生活中

假如对上面的讲解朋友们已经有所了解，并且在实践中得到受用，我的建议是可以将这种感受在日常生活中付诸实践，因为静坐不仅仅是坐在那里，它的核心精神在俗世生活中的行走坐卧、言行举止、甚至工作中都可以得到实施，这才是静坐带给我们最大的好处。例如一位虔诚的佛教徒，在佛像面前供花、上香、点灯时，恭敬地背诵经文，事实上他就是在做某种方式的静坐。

你可以在日常生活中试着随时随地去关注：我们的身体现在正在做什么？我们站立的时候身体是否保持了一个静止和平衡的状态？我们在走路的时候，摆动的双手和迈动的双脚是怎样协调配合的？总之我们在做任何事情的时候，无论身体是站着、坐着、还是躺着，无论是在穿衣、吃饭、睡觉，还是处理文件，我们都可以留意观察身体的每个动作。假如我们在学习的时候，看着好像是在学习，但是思想已经远离我们的躯壳，跑到了九霄云外，那么说明我们在专注力的训练上还做得不够，只有我们的动作和我们的思想保持高度的一致，才能身心合一，此时你就是把心放在一个定点上。

将情感当作静坐的对象

当情感升起的时候，内心要清楚观察每一瞬间情感的变化。假使要去处理很多事情时，心里会升起各种不同的情感：不论它们是愉快的、不愉快的或中性的，你必须了解它们是如何升起的，它们升起后如何发展，以及它们如何离开。

练习一：以感官为基础的专心静坐

我们在平时的生活中，身体的感知器官是我们接受信息的感受器，我们的眼、耳、鼻、舌、身与外面世界接触后，就马上产生了各种各样的情感：我们看到美丽的景色，思想上马上会有愉悦的感觉出现；当我们听到一些噪音出现的时候，心中烦躁和厌恶的感觉就会油然而生；当我们在温暖的房间忽然触摸到寒冷的东西，一种不舒服的感觉会在瞬间爆发出来；当我们饥肠辘辘的时候忽然闻到一股饭菜的香味，我们的食欲马上会被调动起来。使用情感作为你专注的对象，然后你将了解你情感的原来面貌，如此就能练习把情感控制得更好。

练习二：每日生活中情感的静坐

在日常生活当中通过静坐带给我们的思维锻炼，逐渐地形成一些控制力，让我们明白有所为有所不为。比如面对美食的诱惑，我们是否能够控制自己的食欲，这时贪食会对我们身体和精神都会造成损伤的理念，并且不断强化它，逐渐我们就会战胜自己，形成良好的控制力。

我在给学生进行训练的时候，他们就提出说自己很难克服的就是早上贪睡的诱惑。很多朋友跟我开玩笑说，我们早上闹钟响的时候，主要的目的是看还能够睡多长时间，然后等待第二次烦躁情绪的产生。其实这种睡觉睡到自然醒的思想本身就是缺少控制力的表现。这时候早上你只需要不断强化：这是懒惰，现在我要起床。当你真的起来了，你会发现世界并不是你想象的那样，反而会更青春更阳光，不断强化，久而久之，你就会在每天早上起床的时候升腾起欢乐的情感。

将精神状态当作静坐的对象

我们无法离开这个心，借着静坐，可以让它保持平静，不受内在或外来的扰乱；专心去观察内心的困惑和冲突，并观察它所有改变的情形。当受过训练的心会变得强而有力，这会给我们带来快乐和极大的幸福感。

练习一：看守这颗心

静坐时要求我们坐着来观察这颗心，不要试图和我们的心来战斗，或者试图完全控制我们的本心，当我们的心跑得越来越远的时候，我们知道它已经跑远了，这个是最关键的，当我们的心被贪欲所占领的时候，我们一样能够很敏锐地感觉到这个心正处于贪欲的状态，专心观察这集中的心和分散的心，观察它们所有变化的情形，但是不要跟随着它们起舞，就可以发现它所拥有的本性。

练习二：在每天的生活中看守住这颗心

无论在任何时候，你必须单纯地观察自己内心的变化情形，当你在工作的时候，感官的欲望、憎恨、嫉妒或其他有害于身体健康的意念会升起来，并且扰乱了平衡的心，这就是你需要静坐的时刻——去检查这些伤害的源头，例如：当工作中不能得到自己希望达到的职位时，我们会产生忧虑和烦躁，这时候我们应该很清楚，这个忧虑不在于这个职位的位置上，而在于我们的内心。当看到同伴比自己更快地得到自己想要得到的职位时，我们会产生嗔恨心或嫉妒心，这些嗔恨心和嫉妒心的来源我们要明白也不是在于职位的本身，而是在我们的内心里。能够明了这一点，我们逐步地去修正自己的内心，这才是真正在每天的生活中看守住了我们这颗心。

将思维当作静坐的对象

我们要清楚观察这思维如何从内心升起以及如何离开，努力练习去认识思维的本来面貌，以及知道如何使用善的思维和防止恶的思维。假如你想内心清静，就必须时常监视你的思维。

练习一：思维的专心

单独坐着，将心专注在思维上：监视这些善的思维并同时观察它们如何影响你的心，或者监视这些恶的思维并同时观察它们如何扰乱你的心。

单纯又冷静地观察这些思维，并且多练习，当达到某种程度，心就会得到和平、协调又快乐。就像监视别人进出你的房间一样地监视你的思维如何通过你的心，如此会慢慢地减少杂念，而增加内心的安详与力量。慢慢地，你将会了解如何去控制不善的思维和激发善的思维。

练习二：心的专心目标

在工作的时候，试着去观察思维的发生过程，如果没有办法观察此过程，就单纯地、清楚明白地观察它：我现在的想法是错的，我正试图去欺骗这个人；再清楚明白地观察：现在我内心的想法是如此地负面，不论我想什么，我的想法都是负面的，为什么会这样？

静坐就是训练我们如何去维持专心。当清楚某些想法对我们和其他人没有危险或伤害时，必须试着去实现这些想法，使自己和其他人都得到幸福；当我们说话时，必须要小心地斟酌与判断，我们说的话是否会伤害到他人或是其他方面。再者，当我们走路、坐着、睡眠或饮食时，也应该保持专心，如果没有专心，我们可能会犯错甚至触怒他人，并且也可能伤害到自己。不论在想法上、说话的字眼上或行为上，我们必须时常注意，随时保持一颗健康的心。

在现代的生活里，有许多任务要完成，并且有许多匆忙的行为、紧张的时刻和忧虑的境遇环绕于你，这些都会消耗很多内心的能量。每天拿一些时间来练习安静的静坐，以增强你的内心力量，这对于你每天的工作和进步是有很大的帮助。

假如你能够在每日生活中练习专心静坐，那你就是活在当下，你将完全地清楚觉察你自己与周遭之间发生的任何事，即使处在纷扰的世界，你的内心仍然安详、平静。

静坐：结束调整篇

静坐结束后的调整动作

少林功夫在练习之后非常注重的一个方面就是收功，功收得好，摄入的能量就能够产生好的效果，否则就会出现做功多、效果少的现象。

同样道理，静坐前和静坐后也需要有运动及按摩做辅助。我们的身心若要健康，必须动与静并重兼顾。运动及按摩是为使血液循环通畅、气脉运行活泼、肌肉和神经松弛，才能使身体舒适，即所谓气和而后心平。

简易按摩式

静坐结束，起来之前，心要先动，告诉自己要起来了，然后双手放在膝盖上，慢慢将身体做较大幅度地摇动。把每一个关节都摇动后，把腿放开，接着做全身的按摩。

按摩的顺序是先搓热两掌，用拇指背轻轻按摩双眼眼眶，并用搓热的手掌心敷压眼球；再用双掌按摩脸部、额头、后颈、两耳、两肩、两臂、手背、胸部、腹部、背部、腰部，尤其是两臂腋下多淋巴结处、后腰肾部及命门，多多按摩有益健康；接着用双掌按摩右边大腿、膝盖、小腿，左边大腿、膝盖、小腿并轻柔转动双足脚踝。

按摩后腰及命门时，应多做摩肾堂的动作。舌抵上腭，闭目内视头顶，两手掌心置肾俞穴处。以鼻慢慢吸气，同时提肛，吸满后闭气不息，两手上下摩擦肾区各120次以上，其实单单做这个动作就可用于防治肾气不足所引起的腰酸腰痛、尿频、遗尿、尿失禁等，也可用于辅助治疗肾虚阳痿、早泄、遗精以及腰肌劳损等。

按摩小腿时多按足三里穴，一定要按到有酸痛感才会有效，这对胃肠有很好的调节作用。另外，足三里穴在全身穴位中作用非凡，被称之为一个强壮身心的大穴。传统中医认为，按摩足三里有调节机体免疫力、增强抗病能力、调理脾胃、补中益气、通经活络、疏风化湿、扶正祛邪的作用。

当生活、工作紧张，压力大时，肝火上升，容易便秘。在肚脐左、右两侧各3指处，用3个手指稍微用力压下去，这个地方叫做天枢，压3~5次就有效了。大便不通比气不通还不舒服，也会影响静坐的兴趣。

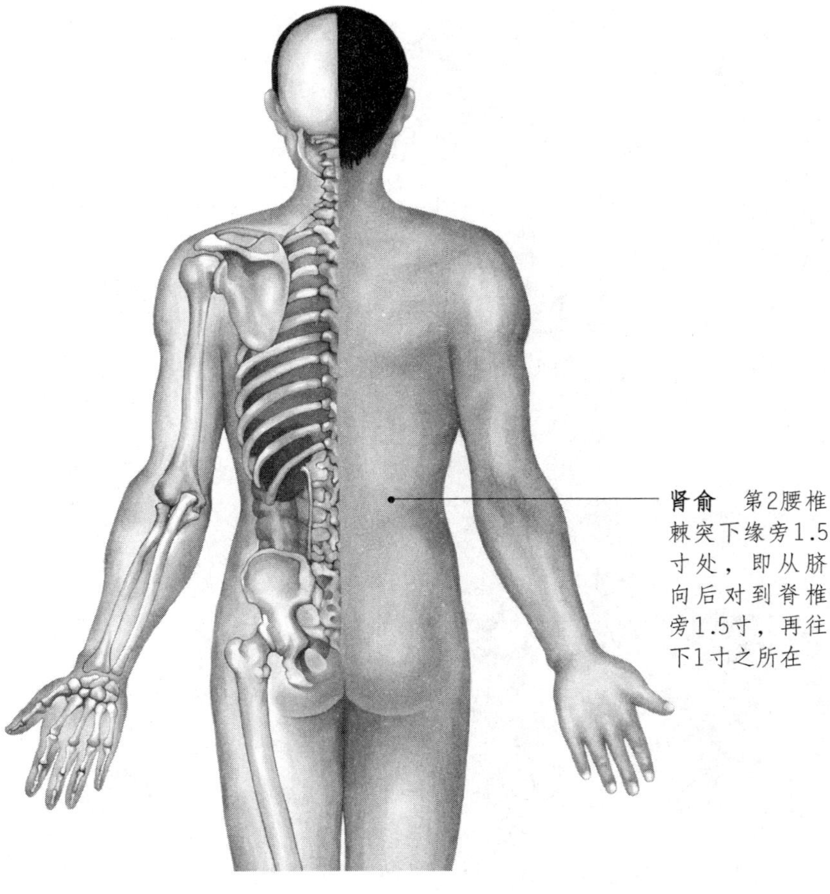

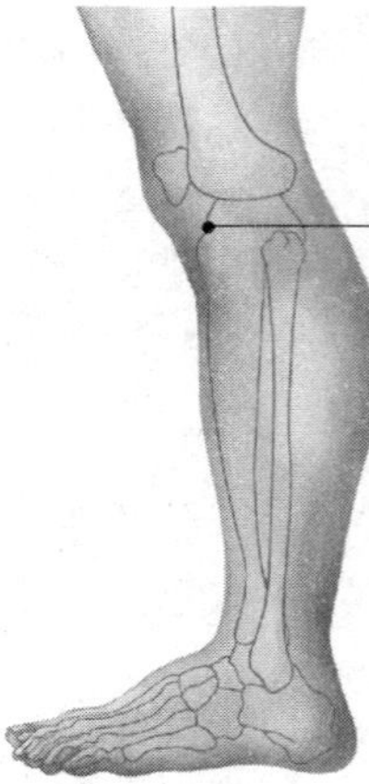
足三里 外膝眼穴下3寸，距胫骨前缘1横指处

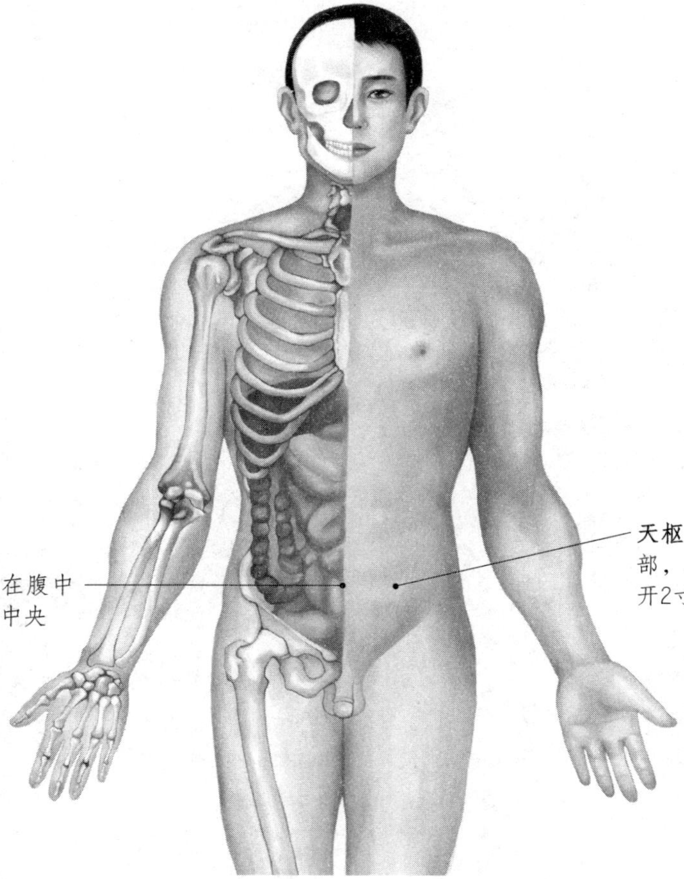
神阙 在腹中部，脐中央
天枢 在腹中部，距脐中旁开2寸

这种自我按摩的运动法，可使初学坐禅而感到的疲劳完全消除，身心感到柔和温暖与舒畅。按摩时，必须将注意力集中于掌心或指头。整套按摩约15分钟可做完，如做得简单些，则3~5分钟亦可做完。除了静坐外，平常感觉疲累、困倦时，都可做做全身的按摩，对消除疲劳很有功效。

坐后调整十八式

上文介绍的是时间上不是特别充裕需要很快收功时所做的调整方法，如果时间充裕还有比较复杂一点的，方法如下：

头顶端正，合眼闭口，以鼻呼吸，舌抵上腭，含胸拔背，两手微曲于小腹前，手心向上，手指相对但不接触，两脚分开略宽于肩，两膝微屈，脚尖向前微微内收，从头到脚节节放松。心静无杂念，意念集中于脐下丹田处，呼吸轻柔调匀。然后依次做如下动作：

第一式：揉发梳头。

双手十指分开，微曲，从前发际梳到后发际，共18~36次。

第二式：鸣天鼓。

以两掌心分别按耳，再用双手食指敲风池穴，共18~36次。

第三式：旋指捣耳。

以食指尖轻轻插至两外耳道口，同时内旋，再突然放松，共18~36次。

第四式：运目养神。

按顺时针方向缓慢转动双目9~18圈后，闭目休息，再睁眼远眺片刻；继之按逆时针方向缓慢转动双目9~18圈，闭目休息，再睁眼远眺片刻。

第五式：刮眼明目。

用两拇指点按太阳穴，再以食指刮上、下眼睑各18次。

第六式：捋鼻防感冒。

用两拇指指关节沿鼻唇沟上下按摩18~36次。

第七式：浴面生华。

用两掌在面部上下做旋转按摩18~36次，使面部发热。

第八式：叩齿固肾。

叩打门牙、边牙各18~36次。

第九式：搅海吞津。

用舌在口腔内搅动18~36次，所生津液分2~3次咽下，意送丹田。

第十式：坚推肩井。

用两掌左右交叉按摩肩井穴及其周围，按摩时腰部随着上肢的摆动自由旋转，共18~36次。此式对治疗肩背痛、落枕、举臂困难、甲亢等均有一定疗效。

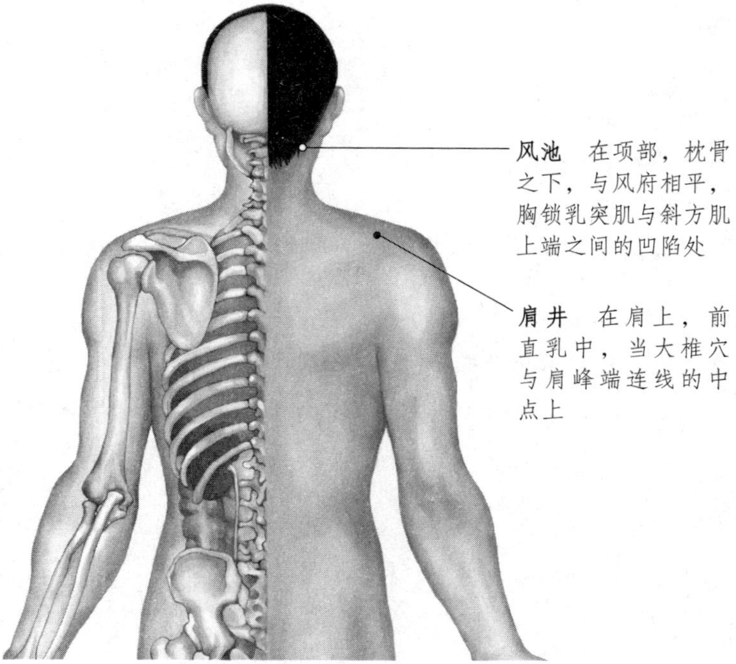

第十一式：横摩胸肋。

两掌交叉横摩左、右胸肋各18~36次。

第十二式：正反揉腹。

两掌相叠，用掌心旋转按摩腹部，上至剑突，下至耻骨，正反各按18~36圈至腹部发热。

第十三式：背搓腰际。

用两手心同时上下按摩两侧腰际各18～36次。

第十四式：敲打命门。

双手握拳，在自由转腰时，用双拳轮换敲打前后命门（前命门即神阙穴，后命门即肾俞穴），做18~36次。此式强腰壮肾，对消化系统疾病亦有一定疗效。

第十五式：按摩上肢。

以右手按摩左上肢。自左肩峰到左手指、由上向下边捋边转，把手的正反面都按摩到，共18～36次，然后点按曲池穴、少海穴、内关穴、合谷穴。再用左手按摩右上肢，方法同前。

第十六式：按摩下肢。

先左后右。两手手指稍分开，自臀部至脚趾向下捋，边捋边转，把腿的正反面都按摩至，共18～36次，然后点按足三里穴、三阴交穴、昆仑穴、太溪穴。

第十七式：按摩涌泉。

用两掌心分别按摩两脚涌泉穴和脚背18～36次。

第十八式：全身拍打。

用拳或掌在丹田、腹部、胸部、腰部、背部、肩部、头部做轻松而富有弹性地拍打，具有舒筋活络、祛风湿、强筋健骨之功。

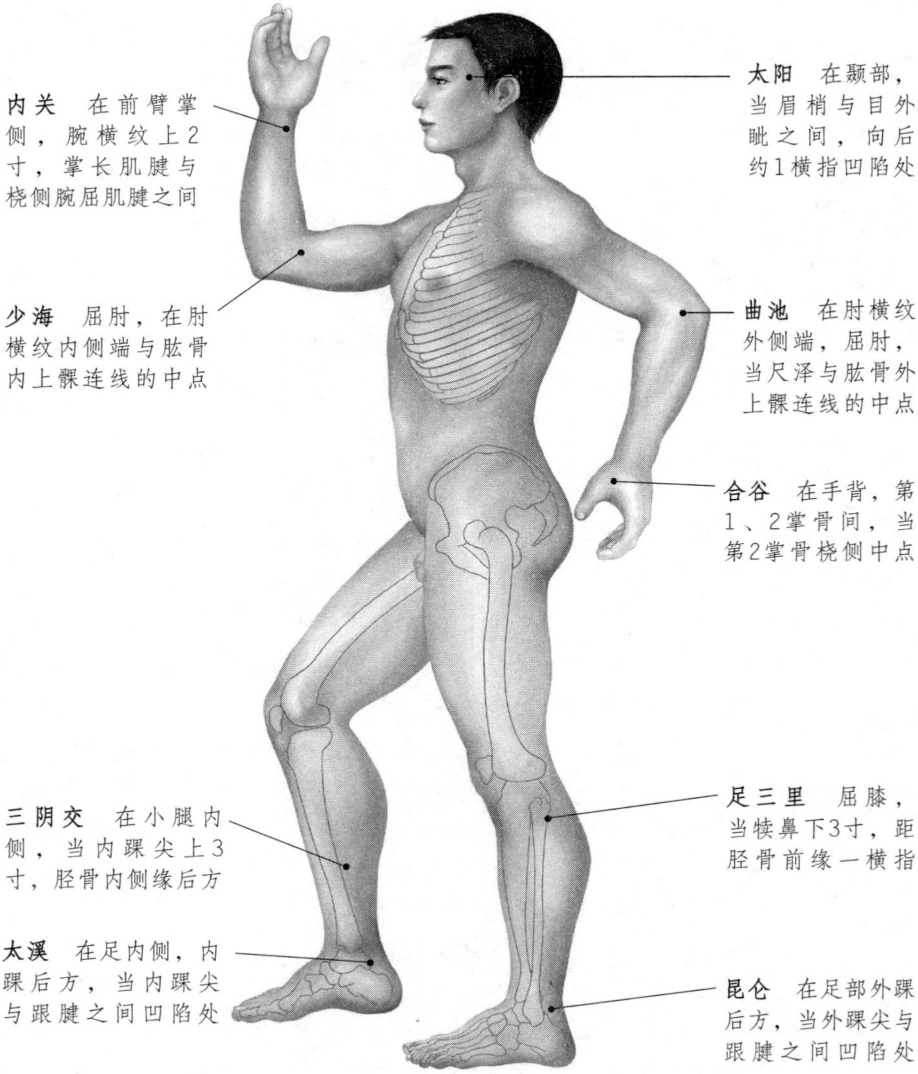
内关　在前臂掌侧，腕横纹上2寸，掌长肌腱与桡侧腕屈肌腱之间
少海　屈肘，在肘横纹内侧端与肱骨内上髁连线的中点
三阴交　在小腿内侧，当内踝尖上3寸，胫骨内侧缘后方
太溪　在足内侧，内踝后方，当内踝尖与跟腱之间凹陷处
太阳　在颞部，当眉梢与目外眦之间，向后约1横指凹陷处
曲池　在肘横纹外侧端，屈肘，当尺泽与肱骨外上髁连线的中点
合谷　在手背，第1、2掌骨间，当第2掌骨桡侧中点
足三里　屈膝，当犊鼻下3寸，距胫骨前缘一横指
昆仑　在足部外踝后方，当外踝尖与跟腱之间凹陷处

把心放在脚上

在练习完静坐之后，我还经常会教学生们去站。

站立在佛家里面是属于四威仪的一种，看似简单，其中却奥妙无穷，坚持练习不但可以使我们站得更牢固，不至于在老年之时因为跌倒而造成伤害，而且站立也是培养我们收摄心神的殊胜办法，因为在这个过程中，你必须要保持平衡，所以在心神的收摄上会有被动的强化作用，稍加练习就会有很大的心身收获。

我们站立的时候先两脚并拢，将重心放在涌泉穴上，将心神也留在那里，然后慢慢闭上眼睛，这时候你会忽然发现站立稳固也不是一件容易的事情，需要我们把心放在脚上。

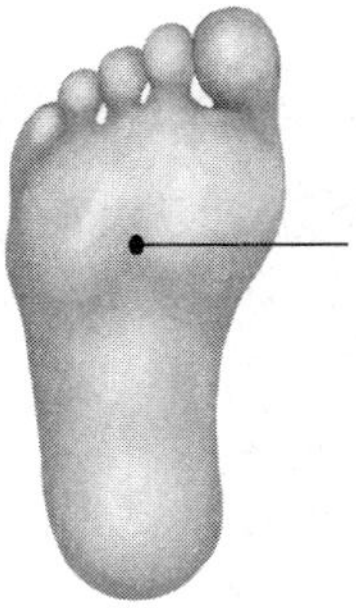

接下来我们进行第二步操作，继续闭上眼睛，重心向前，体会5秒；重心向后，体会5秒；重心向左，体会5秒，重心向右，体会5秒。然后重心分别向左斜前、右斜前、左斜后、右斜后各体会5秒，总体类似于一个米字型的操作。

经过一个阶段的练习，慢慢能把心放在脚上之后，就要进行一个更高难度的锻炼：把一只脚轻轻抬起，大腿与小腿之间呈90°站立，

这时候要屈膝松胯，之后慢慢闭上眼睛。你会忽然发现一个简单的站立会变得异乎寻常困难，你的脚在不断地改变重心，这个时候一定要保持呼吸的均匀，身体尽量地放松，将心放在站立的脚上。单腿站立的平衡不是靠双眼和参照物之间的协调，而是通过调动大脑神经来对身体各个器官的平衡进行调节。所以这个练习需要一段时间才能有保持平衡效果，但是这样的练习会对我们心神的收摄和身体的健康有莫大的好处。

中国传统医学认为，身体患病与脏腑气血失调密切相关。单脚站立可以很好地引血下行、引气归元，将气血收于肝经的太冲穴、肾经的涌泉穴和脾经的太白穴，从而有效地调节身体的平衡，进而使肝、脾、肾等脏器功能都得到快速的增强。

人的脚上有6条重要的经络通过，通过脚的调节，虚弱的经络就会感到酸痛，同时得到锻炼，这些经络对应的脏腑和它循行的部位也就相应得到了调节。这一方法可以使意念集中，将人体的气血引向足底，对于高血压病、糖尿病、颈腰椎病等诸多疑难病都有显著的疗效。此法还可以治疗失眠、小脑萎缩，并可预防梅尼埃病、痛风等许多病症，对于足寒症更是效果奇佳，同时还可以迅速地增强人体的免疫力。

现代医学研究人员已经整理出一套以单脚站立稳定不移动的时间来判断老化程度的指标。测定标准为：30~39岁男性为9.9秒；40~49岁男性为8.4秒；50~59岁男性为7.4秒；60~69岁男性为5.8秒。女性比男性推迟10岁计算。站立时间越长，老化程度越慢。未达标准者，说明你的生理年龄已经高于你的实际年龄了。

所以，不练习静坐的读者日常也不妨多练习单脚站立，必会获益无穷。

静坐的反应1：正常反应和异常反应

在静坐锻炼过程中，机体内部会发生一系列的变化，从而产生一些与平时不同的现象和感觉。这些感觉多数是正常的，对人体有益无害。但在某些情况下，也会出现异常的反应。我们先从正常反应讲起。

正常反应

正常反应也称良性反应，是静坐后由于气血运行畅通所产生的各种现象，对机体起到有益的作用，分动触现象和效应现象两种。

1. 动触现象

静坐练习中会出现一些平时感觉不到的特殊感觉，在《童蒙止观》中就记载有“痛、痒、冷、暖、轻、重、涩、滑”8种感觉，也称“八触”。据上海气功研究所对100例静坐练习者在静坐练习中产生特殊感觉的统计，其中肌肉跳动感者40例、热感者60例、轻感者33例、松感者21例、麻感者19例、冷感者l8例、痒感者15例、紧感者9例、重感6例。由此统计可见以热感者为最多，肌肉跳动感者次之，再次为其他感觉。

这些感觉出现，多在身体局部，且多为短时间出现后又自行消失。这可能与静坐后气血运行流畅以及大脑入静后的感受性增强有关，对机体没有不良影响，所以属正常感觉。但要注意的是对这些现象应不追求、不助长，否则感觉过分强烈也会影响正常生活，便成为偏差，所以要听其自生自灭。

2. 效应现象

静坐后的效应，往往还表现为某些生理现象，能说明健康状况和疗效有所提高。

（1）遍身或局部温热出汗。由于静坐时特定的放松姿势、深长的呼吸、意念的集中、血液循环的增强、末梢血管扩张，使得四肢和全身皮肤温度上升。静坐到一定程度时，意守部位的血流量经测定可增加30%左右，皮肤温度可提高2～3℃，也有的表现为热气游走的感觉。静坐中有温热感和微汗出现象者比较普遍，据统计占正常反应的60%～70%。临床上多见练习者原来手足冰冷，冬季尤甚，静坐后手足变得温热。

（2）唾液分泌增多。在静坐中由于放松入静，舌抵上颚，能引起唾液分泌增加。又由于静坐中采用腹式呼吸，促进了胃肠活动，也反射性地引起唾液分泌增多。待唾液分泌量增多至满口时，可分3口咽下，以意送入丹田。通过咽津咽气，可以增进食欲，帮助消化，对治疗各种慢性消化性疾病有很好的效果，尤其对胃溃疡及多种慢性胃病效果更好。

（3）肠鸣、矢气、嗳气。练功时由于腹式呼吸增强，膈肌上下运动幅度加大，推动了内脏运动，胃肠蠕动明显增加。故练习者在静坐时往往自己可以听到腹内“咕咕噜噜”作响的肠鸣音。也有的矢气（即俗语所说的“放屁”）现象增多，或嗳气（打嗝）现象也增多。在X线下观察，静坐时胃肠的紧张力和蠕动力明显提高，排空时间明显缩短。由于静坐后胃肠蠕动功能和唾液分泌功能均有增强，故对治疗慢性胃肠机能减弱的消化不良和习惯性便秘均有良好效果。

（4）食欲增强，食量增加。静坐比较推崇的是腹式逆呼吸法，它会直接对腹腔脏器起到柔和的按摩作用，有助于消化吸收，增强食欲。一般练习到一定阶段后，身体瘦弱者的体重均有不同程度的增加。据报道静坐3个月后，体重增加最多者可达10千克，大多数练习者也可增加5千克左右。而对于原来体形较胖或有高血压病、冠心病的患者，深长的腹式呼吸则可使其饥饿感消失，有助于控制饮食。

（5）新陈代谢的改善。由于静坐中姿势的放松，呼吸深长，以意引气，内脏功能和大脑功能均得到调整，促使新陈代谢旺盛。所以静坐后会感到全身舒适轻松，精神活力增加，全身温热，皮肤光泽，面色红润，毛发指甲生长比平时迅速，甚至还可白发变黑，即所谓“返老还童”现象出现。由于新陈代谢的改善和体质的好转，中青年练习者还有性机能增强现象，这也是练习中的正常反应，但应加以控制，避免过度消耗精气，影响身体健康。

（6）全身舒适，头脑清晰。静坐中由于放松入静，使大脑皮层机能活动逐渐进入兴奋集中状态，其兴奋区域的周围渐入于抑制扩散状态，增强了全身放松及大脑的休息，使皮层细胞恢复机能，因而会出现全身舒适、轻松愉快的感觉。练习到入静阶段时，多数有头脑清新、记忆力增强、精力旺盛的感觉，这是经常练习静坐者都有实际经验和体会的。

异常反应

异常反应也称不良反应，在练习中由于对静坐的基本原则和方法未能正确掌握，所以可能出现一些异常现象，如头昏脑涨、胸腹胀满、气不归原等各种反应。这些异常反应的出现，影响练功的进展和练功者健康，故称不良反应。遇有此种情况出现时，应及时从各方面调整、纠正，一般在短时期内，大约1周，即可自行消失。如出现异常反应后，未能及时纠治，异常反应进一步发展，即会造成偏差。一般异常反应有如下几种。

1. 杂念丛生，心意散乱

练习者由于平时内外环境的纷扰，或静坐前思想负担过重、精神紧张，未能做好思想准备工作，致使静坐时杂念纷扰，千头万绪接踵而来。初学者静坐时，愈急于入静，愈不能入静，愈想排除杂念，反而杂念愈多，以致精神更加紧张，甚至不能继续练习。这多是由于用意过重引起的。

在静坐中杂念纷来时，应顺应自然，不要勉强抑制，经过一段时间（20~30分钟），静观杂念出入，杂念逐渐会减少。或当杂念繁多时，意守呼吸用数息法，即在练习中默念自己呼吸的次数，或默念字句法，进一步把全身放松及思想放松，即可使杂念逐渐减少。如杂念过多，烦躁不安，可暂停练习，散步片刻，待心情平静后再开始练功。

2. 胸闷憋气，呼吸不畅

静坐中由于姿势不当，如收腹挺胸或含胸过甚，呼吸用力过强而勉强追求深长细匀的呼吸，用力气沉丹田，停闭呼吸时间加长或意守呼吸过重等，均可造成胸闷憋气、呼吸不畅。

如有上述症状出现时，应找出原因加以改正，重新调整姿势。如挺胸者应调整胸部肌肉放松状态，呼吸过重或闭气时间过长者应改为自然呼吸，意念过重者应将意守强度减低，改为似守非守。这样使姿势、呼吸、意念均调整到放松和顺乎自然状态，胸闷等现象即可得到纠正。

3. 心慌心跳

少数练习者，在静坐中出现心跳加快或自觉心慌，有的是偶尔出现，也有的持续时间较长。这些表现多由于练功时思想有顾虑，姿势不自然，全身未能放松，呼吸用力或停闭呼吸时间过长引起，尤其在有心脏神经官能症或心脏病的患者身上发生较多。

如遇有此种症状发生，应及时解除思想紧张，全身放松，自然呼吸，待心慌平静后，再进行练习。如因心脏神经官能症或心脏病引起者，可平时适当加服镇静剂或β受体阻滞剂，如心得安等药物以助纠正。

4. 身体过热感

在静坐中有时全身或局部突然灼热似火烧，热流有时上冲或四处流动，这种现象多在短时间内消失，可能是入静后对局部内气变化敏感增强所致。

如系内火过盛引起，可两眼先注视鼻尖，再转移注视膻中穴，再将注意力转移至脐至膝，每部位各注视2分钟，最后注视大敦穴约8分钟，再意守大敦穴约4分钟，可以引火下行。

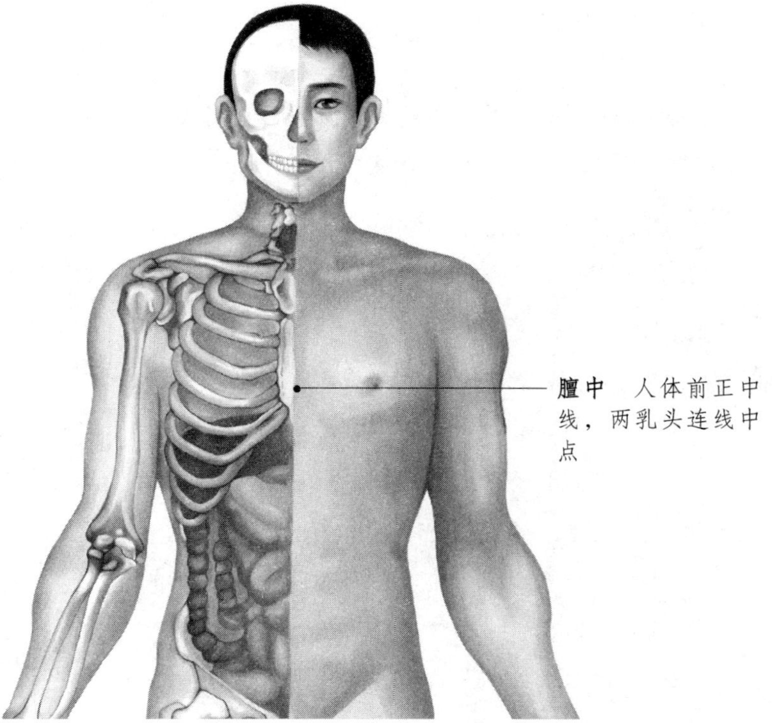

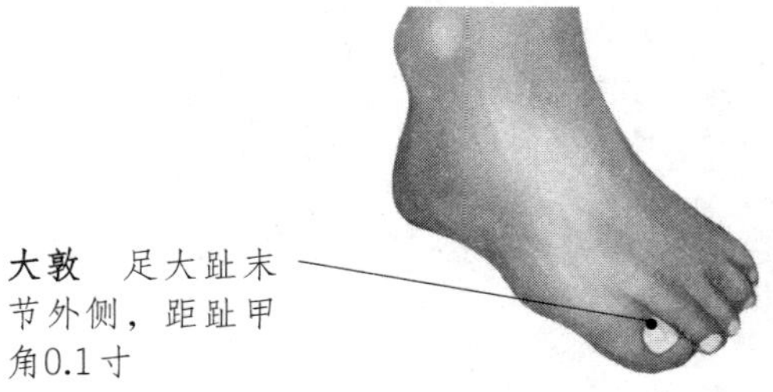

5. 腹胀、腹肌酸痛

静坐时出现腹胀、腹肌酸痛的最常见原因是有意鼓腹，追求深长的腹式呼吸或吸气后停闭时间过长，使交感神经兴奋性增强，腹肌紧张，肠胃运动受抑制。

纠正之法首先是改为自然呼吸，减少腹肌的紧张用力，即可消除。如腹胀明显者，可暂停练习，做腹部自我按摩或改为卧式或者半靠位练习。这样较易使腹肌放松，腹胀腹酸会逐渐消除。

6. 腰酸背痛

腰酸背痛的症状，多见于初学者，由于姿势不正，未能沉肩含胸和松腰松腹所引起。或初学者体质虚弱，静坐时间过长，超过了体力支撑的限度所引起。

遇到此种情况，应暂停腹式呼吸，身体微向前俯使胸腰部肌肉放松休息一下，再继续练习；如是静坐坚持时间太久引起的，应适当将静坐时间缩短，待体力恢复后，再逐渐加长静坐时间。

7. 昏沉、困盹、欲睡

静坐初期由于环境安静，双目微闭，全身放松，思维活动减少，大脑兴奋性减弱，形成了睡眠的有利条件。故初静坐者，易出现困盹入睡的现象。从生理学上来说，睡眠是大脑皮层的广泛性抑制扩散，而静坐的意守入静，则是皮层机能的兴奋集中，二者截然不同。静坐中出现昏沉困盹的原因，一是由于意念未能集中，兴奋性尚未提高时产生昏昏欲睡的现象；一是由于练功前过度疲劳，勉强练功所形成的。

如有昏沉欲睡现象时，可微张二目，或将身体晃动几下，以驱散睡意，振作精神，再继续静坐。如重新出现困盹欲睡时，不易克服，说明与疲劳过度有关，应停止静坐，安心睡一觉，待醒后疲劳解除时再度练习。

8. 肢体疼痛麻木

初练功时，由于内气未充，气血运行尚未畅通，加之练习者急于求成，可能出现身体局部麻木或轻微疼痛感觉。

如麻木疼痛的症状感觉很轻，可以继续静坐，不去管它，待练习进一步后，气血运行增强，麻木疼痛自会消失。如仍不能消失，可暂停静坐，做一下局部活动和按摩后自会消失。

9. 发冷感

静坐中突然出现身体发冷，甚至寒战发抖，这可能是由于体质虚弱，内气尚未激发出来的表现，一般不要为此异常现象恐惧，可继续静坐，多能在短时间内自行消失。

如不能自行消失，可以加强鼻息法，以鼓动气血流通，或暂停练习，活动一下，待冷感消失后再继续练习。

10. 头昏、头胀、头痛、耳鸣目眩

静坐中出现头昏、头胀、头痛及耳鸣目眩的症状，多由于情绪紧张，用意念强度偏大，或勉强用意念导引气血上头，或意守部位偏高，如意守上丹田（印堂或百会），或强行呼吸闭气引起。

如出现此症状，应放弃意守，采取自然呼吸，待头部症状消失后，再继续练习。如意守部位过高，应改为意守下丹田或涌泉穴。一般高血压病、动脉硬化症、冠心病患者及中老年人静坐，应意守下丹田，不守上丹田。

静坐的反应2：特异反应

前一节是一个泛化的讲解，下面会专门针对一些特异的静坐反应加以论述。

1．腿部的麻胀

根据我在学习静坐过程中出现的反应，在开始阶段最容易使人产生打退堂鼓思想的就是随着盘腿时间的推移出现的两腿发麻或发胀，甚至浑身酸疼或不安，连带引起心理的不宁静。很多人会觉得苦不堪言，所以在静坐最开始阶段就草草结束了。

一些人还喜欢从一般生理常识来讲，认为出现这种现象是两腿血管被压迫的关系，与长时间保持一个姿势有关，于是就认为它是很不好的现象。

实际上，从静坐的经验来讲，这种现象并不完全是血管被压的原因，而是气机开始发生了反应。因为气机在筋脉血管肌肉之间不能畅通流行，所以有了胀痛麻木的反应。反过来讲，当腿麻到实在不能忍受时，只需轻松地放开两腿，慢慢地让它自然舒畅之后，便会感觉到由于经过这一段短暂时间的压迫而换得的新奇而舒服的快感。

事实上，当静坐功夫到达某种适当的阶段时，无论盘腿或不盘腿，这种新奇而舒服的快感是长期存在的。此时，虽然长期盘腿而坐，不但对身体没有妨碍，这种舒服和快感反而愈来愈盛。古代的先贤认为盘腿可以减短血液通道，其心容易入定。我的师父也是很注重盘腿，就像他所说：腿能盘起来，心才能收起来。年龄大的人练习盘腿的时候，由于柔韧性变差会觉得难以忍受，这个要有吃苦的心，当然也要注意循序渐进，慢慢从单盘过渡到双盘上面。

2. 生殖机能的勃兴

有关静坐对于生殖机能的反应，为了讲解的方便。必须把它分为肾脏机能和生殖机能两部分来讲，因为在成年人练习静坐时，最初有反应的大多数是从肾脏部分（包括腰部）开始，日久功深，生殖器部分才发生反应。如果是少年人习坐，很多都是由生殖器部分先发生反应。

（1）肾脏部分的反应。即是说静坐的时候，或在静坐过后，腰背会发生胀、痛、酸、麻等情况。倘使因肾亏而患有阳痿、早泄、遗精病的人，可能因静坐的关系反而更有遗精或早泄的现象。如果不得其法或不知对治，甚至有白日遗精、大小便时遗精与静坐时遗精的严重症候。关于这些现象的来源，中医认为是肾亏的关系；西医认为是与肾上腺、性腺和脑下垂腺分泌功能失调等因素有关。若是女性练习静坐，素来患有肾亏之证，不但腰部疼痛不堪，甚至会有白带增多等现象发生。

其实这不是因为静坐而产生的不良后果与副作用。

而是因为静坐的关系，发动身体内部气机的潜能，在将要通过而尚未通过肾脏与腰部的阶段，遇到这些有宿疾的神经与腺体而形成的障碍，所以引起上述症状的并发。

如果知道了这个原理，再得明师指导而知道对治的方法，过此一关，则一切相关的宿疾顿消，恢复健康壮盛自然不成问题。倘使没有明师的指导，不知对治的方法，最好是暂时停止静坐，等恢复健康时再来练习，如果又因静坐而重发时，就不妨再停。如此持之以恒，再病再停，再停再坐。久而久之，自然就会完全恢复健康。但在此阶段，最要紧的守则是必须要绝对断绝男女的性行为，倘使能做到不但没有性的行为，而且没有性的欲念，那便是真正无上的大药，更可以及早恢复健康。至于健康恢复中的变化反应，则因男女性别、年龄老少、体能强弱而有不同，没有办法一一评说，需要专门的老师来进行对治。

（2）生殖机能的反应。静坐时，或刚刚下坐后，生殖器突然勃起，甚至久坚不下，犹如亢阳的状态，同时引起睾丸部分微细神经的跳动以及前列腺、会阴部分轻微的震动。在女性而言，有子宫震动或收缩以及两乳房膨胀的现象。

在静坐的过程中，有了这种现象之后，如果不配合心理上的性欲冲动，那确是很好的情况。这是脑下垂体、肾上腺与性腺活动兴旺的证明，对于身体的健康，是绝对有益的现象。但是无论年龄老少、男女性别，一有这种现象发生，十个有九个半都会引发性欲的冲动，从而引发头昏脑胀的感受。甚至，还有胸臆烦闷或产生情绪烦躁的感觉，非常难以排遣。如果再因此而有了性行为之后，则前功尽弃。然而一般练习静坐的人，极难过此一关，而且不知调整对治的方法，即使勉强压制，久久亦成为病态，与忍精之害有同样的毛病。

关于静坐中生殖机能反应的调整与对治的方法，也很繁复而一言难尽。如果真要专心致力于静坐的人，最简便而有效的方法就是减少饮食。佛教以过午不食为戒律的基本，并非完全属于信仰的作用。谚云：“饱暖思淫欲，饥寒发盗心。”实在不是没有理由的。不过减食与不食烟火，也并不是简单易行的事，如果不明其理而不知运用之妙，因此而患了胃病，则得不偿失，所以建议有专门人员的指导。

3. 背部与肩胛的反应

在静坐的过程中，有人会感觉背部或肩胛部分胀痛，或者有神经紧缩等现象。它的原因虽然很多，归纳起来主要有两点：一是气机循督脉——脊髓中枢神经上升的必然现象；二是生理病态的反应。

（1）病态的反应。通常体弱有病或年老的人静坐时会出现这种现象。所谓体弱有病，包括肺、胃、肝、心等内脏的病症，或者病根隐而未发。如果是有这些病症的人，当他练习静坐到达某一阶段时，就会感觉到背部胀痛犹如重压，腰软乏力或有疼痛等感觉，甚至还有背部神经抽搐痉挛等现象，或者感觉在肩膀连带后脑的背部，有强硬难受的感受，或者胀痛得汗流浃背，或冷、或热。

如果有了上述这些情形，首先必须了解这不是静坐带来的毛病，因为静坐只是休息的方式之一，一个人甚至动物绝不会因休息而产生毛病的。这是证明自己生理上已经有了潜伏性的疾病的反应，是值得庆幸的事。因为不经静坐的测验，你还不知道自己身体已经有病。而且自己能够感觉到有病痛，正是身体发出需要治疗的信号，并非是病入膏肓的地步，如果一个人受了伤，而不感觉伤处的疼痛，那才是伤势严重的信号。如果伤势稍好，便会感觉到疼痛，就像患了感冒的人，当感冒病菌尚潜伏在内时，还无感冒的征兆，如果开始发烧了，反而是感冒已经减轻了。因此在静坐的过程中，有了这些现象，便须注重医药的治疗以配合静坐，只要具有坚定的信念，度过了这些难关，便自然而然的渐入佳境了。

（2）气机的反应。如果是正常健康的身体，经过一个阶段的静坐练习便自然而然会产生背部和肩胛部分胀刺的感觉，甚至好像有一样东西或一股力量在活动，只是很难向上冲举，而且自己的意识也会产生潜在的企图，好像觉得必须要冲过去才会轻松愉快，这种现象我们叫它为“河车”转到“夹脊”的一关，是打通督脉的过程现象。此时如果不能把心念放松，不能做到浑然“忘身”的意境，就会愈来愈有压力，换言之，每逢这种情形，你的注意力越来越会向背部集中，自然而然想用意识假想的力量帮助它向上推进，因为注意力的愈加集中，反而使脑神经、胃神经愈加紧张，甚至会因过分用力，使心脏收缩，更会增加背部胀痛的感受。

如果能够做到浑然“忘身”，或者运用智力而抛舍感觉的作用，只是一味沉静无为、等待它的充实，它便会像接触电机的开关一样，嗒的一下，豁然松弛，进入心境豁然开朗、精神特别充沛旺盛的境界。假使平常是塌腰驼背的人（受过外伤或生来如此的另当别论）到

了那个时候，就会自然而然地挺直腰杆，开张胸膛，呼吸顺畅，胃口开爽。

4. 头部的反应

讲到头部与静坐过程的反应，比其他反应更复杂。从中国传统的医学观念来讲，“头为诸阳之首”，所以它在静坐中起的作用也更大。在丹道家的观念来说，它包括了后脑的“玉枕”关，与头顶的“泥丸宫”，都是很重要的部分。从现代医学的观念来说，它与小脑神经、大脑神经、间脑以及脑下垂体等组织有关，相当复杂，而且它与五官的神经细胞也都有密切直接的关联。

因此某些修习静坐的人，常常到此而发生严重的问题，一般世俗所谓的“走火入魔”，也都是在这个阶段出了问题。所以建议初练静坐时，要有专业老师的指导，这样可以防止走到歧路。

怎样判断静坐的效果

练习静坐没有任何快捷方式，也没有任何魔法咒语可以让你在短时间内得到成就，必须要有耐心、持久和努力。要想达到最后的进步，可能要付出很多的努力与很长的时间，否则它就像在逆流水中行舟，不进则退。

如果期待能立即或很快地得到静坐的结果，那你很可能会失望。一位带有许多追求世俗名利野心的忙碌人，就无法快速且自动地使心安静到没有杂念的点上，更无法快速地体验到一个强力而持续的专心。

假使你希望在静坐上有进步，必须为自己订一些训练的规则。适当的训练规则对于一位想得到赛跑胜利的运动员是重要的，相同地，适当的训练规则对于静坐者想达到某一个持久性的进步也很重要。在订定你自己的规则时，要像吉他的弦一样，不能太紧，也不能太松，不要失去感觉上的协调。

那么如何判断静坐有进步呢？身体上的变化是比较容易觉察到的，但要评估一个人精神上的进步却不容易，这里有一个基本的法则，可以参考测量真正进步与否：假使你体验到快乐、安详与宁静的情形增加，而扰乱、沮丧、烦恼、忧虑的情形减少，这时你就真正得到进步。

如果再进一步，我们勉强可以列出以下标准：

标准1：身心是否合一

身体在哪里，心就在哪里；身体在做什么，心就在做什么——身心不可分离，身心须一致。例如在厨房中拣菜、洗菜、切菜，心就放在对菜的动作上，心中不起其他念头。或者炒菜时，手在动，心也要专注在炒菜上，头脑里没有其他的杂念。这些都是身心一致的表现。

记得我在日本看茶道表演的时候，一位70岁左右的老太太负责在一个撑开的伞柄上插一朵花，她将花插上以后，会缓缓退到极远处仔细看那朵花，然后走回来将花进行摆弄，然后再退到极远处，仔细观察，再回来摆弄那朵花，三番五次，不厌其烦，脸上一直洋溢着专注和欢喜的面容，如此退后前进，左右挪动，上下观察，专注而祥和，目的是让品茶的人在品茶过程中所见之处都充满禅意，这种行为就是在日常生活中身与心完美合一的一种表现。

所以做任何一件事，均应将心放在那件事情上，心为那件事在做，就是正念而非妄念。因此，要经常保持身体的动作和心的念头在合一的状态。

标准2：心眼是否合一

中国人很讲究看面相，认为外在的面相是内心在外部的一种反应，比较高明的人甚至可以从你不自觉的举动看出你内心的想法。俗话说得好：眼为心之苗，也就是说眼睛在表现内心变化的时候最为直接和准确。一个内心胡思乱想的人，他的眼神一定也是飘忽不定的，不可能表现出来专注和坚定。因此之故，可从人的眼神中观察出此人是否思想集中、稳定。

因此在日常的生活中要着力锻炼自己的眼睛和心神配合在一起，心中所想，眼之所聚，眼之所看，心之所想，久而久之，你的眼神会发生变化，你心中的正能量也会无形当中传染给周围的人们，这个时候语言已经显得多余，一眼过去，心知肚明，一眼过去，心中坚定。

标准3：心口是否合一

曾经参加过很多会议，见过某些领导讲话，很明显能够看出来他的稿子不是自己斟酌写出来的，于是他在讲话的时候，更多的眼神是在观察当时场景的变化，这就是典型的心口不一。

因此，说一句话就是这一句话，说什么事就是什么事，很清楚地知道自己在说什么；讲完一句，下一句话自然出来。不过在讲话以前，先考虑要说些什么，不是想讲什么就随便脱口而出，那就变成胡说八道，根本不知道自己在讲什么；或许也没什么话可讲，就是想用嘴巴不停地讲，这就是妄想，不是心口一致。

心口合一必然知道自己要讲什么，表达出来以后也是清清楚楚的。经常练习静坐的人对自己身体的动作、语言的行为，都了解得清清楚楚，如此就不会做错事、说错话了。

在日常生活之中，要对自己的任何一个动作全部负责，也就是“一步一个坑”，脚踏实地，步步为营。走路步步为营，讲话也是步步为营，任何动作都该步步为营。不是杂乱无章，不是东一榔头西一锤，而是要身心合一、心口合一。

少一些妄想，加一点正念，则智能日增，可开慧。慧开了，必然使烦恼和困扰消除。唯有心得稳定，才能减少烦恼。唯有练习身心合一、心口一致，则心中的烦恼必然日减。当外在的境界扰乱时，你只要注意自己心里在想什么，眼睛在看什么，耳朵在听什么，烦恼就不存在，结果是该听的听到，该看的也看到。

如果你在练习静坐之后，发觉在以上三个方面都能做到比较完美，那么恭喜你，这就是静坐有成的最大体现。

静坐：练习要诀篇

练好静坐的要诀

要诀1：持之以恒

天下做事情成功的人都有一颗恒心在，练习静坐看起来是一件很简单的事情，但能够坚持坐下去其实并不容易，一开始可能斗志昂扬，但渐渐就会觉得没有意思，产生退缩的心理，这时候是最需要我们去进行磨炼的，无论如何忙碌，必须继续行持，不可一曝十寒，只有这样才能获得静坐的大效。

我在教学的过程中发现，人们在练习静坐的时候早期的强迫坚持非常重要，尤其是第1周内，稍微思想上放纵很容易前功尽弃，大概坚持3周左右，慢慢地痛苦的感觉就会消失，进而代替的是一种习惯，一旦习惯养成，静坐就会伴随你终生，成为你养护身体的利器。

要诀2：要不求速效，不能操之过急

静坐时最忌讳的就是急功冒进，刚刚开始练习就希望自己达到一个较高的程度，这是必须要去克服的心理，一切要掌握“自然”两字的原则。譬如静坐本来可以消除疾病增进健康，但这种要求除病和健康的念头在静坐时也应该摒弃，一切随其自然，不要急于求成。因为静坐必须日积月累，才能达到身心变化的功效，正和食物的营养相同，不温不火最好，一旦产生贪的念头就会导致心念执着，气血也会随着执着的心理形成阻滞和堵塞，所以在练习静坐时我们只要坚持下来，最少你能够收获到的就是健康。练习速度虽然不快，但是一直前行，意志力会达到一个前所未有的高度，这个对于自己在日常生活或工作中去应对各种各样的事情都是很有好处的。

要诀3：一切勿理

静坐时非常讲究万缘放下，一心练习静坐。这个过程当中，一开始会杂念纷飞，这时候我们要做到的是不予理会，但是也不要因为出现杂念而产生烦躁的感觉，虽然过程中会受到各种心境的干扰，但是时间长久以后就会慢慢心境澄明起来。

一开始练习以收起杂念为要，所以尽量减少外在刺激，可以选择合适的环境，把眼睛闭上，但是这个时候我们的耳朵，我们的皮肤还会感受外在刺激，使得心中生出妄念，最难处置。这时宜收视返听，不问不闻，只管自己用功，要久久练习，养成“泰山崩于前而色不变”的气概最好。当然说起来容易做起来难，真正我们逐渐达到这一步，就不仅仅是身体健康的问题了，我们的气质和强大的心理会让我们在俗世生活中处理事情游刃有余，这也是俗世当中的人们训练静坐很直接的效果。

要诀4：痛改习气

我们在练习静坐之前，身上或多或少会存有很多习气，年龄越长积存在身上的习气就越多，比如贪欲、嗔恚、愚痴、骄慢等种种烦恼，这时候我们就要把静坐作为克服身上这些坏毛病的好办法，要和它们抗争并逐步克服。只有这样，才能使静坐功夫获得不断的进步。

要诀5：淡然面对静坐中的心理反应

静坐到一定时间，我们的身体会发生各种各样的变化，既有生理的也有心理的，比如身体往往会发生颤动和发热的感觉，脑部也常常会有霹雳般的震动现象；心理方面，有时也可能出现种种幻境。这些现象，因各人的体质和心境而有不同，都出于自然，不可强求，也不可遏抑。当然也有静坐多年，身心方面得到很大改善，而不发生这些现象的。同时，这些现象的发生，并没有什么神秘可言，不过是由于静极生动而引起的生理和心理上的变化反应。所以学习静坐的人应该保持不追求、不好奇、不执着的状态。

生活中，很多人虽然想练习静坐，却难得有时间练习，或者练习的时间不够充裕，所以真正获得静坐效果或有境界的人并不多见。其中也有一种原因是对静坐并不了解，或者是对静坐中应该注意的事项并不清楚，而没能坚持下来。所以静坐练习还是要抱持一种决心，按部就班，遵照静坐的规则来进行。照静坐的方法一步一步去练习时，不分男女老幼、在家人或出家人，每个人都能达到静坐的理想境界。

静坐食物的选择很重要

食物的营养对于人，就如同油对车子一样。车子要加油时，我们一定会加合适的、没有杂质的油，车子才能顺利运转，同理对于我们的身体更要爱惜，不能吃不恰当的食物。

在静坐的过程中，因为食物当中所蕴含的能量不同，因而其对于身体的补充会产生不一样的表现，这时候我们对食物的选择就显得非常重要。食物在体内经一连串的转换，由乳糜、血液、肌肉、脂肪、骨骼、骨髓到精微，直到成为身上的细胞、组织和系统，同时也提供活动所需要的能量。

其中有些食物会对我们身体起到滋养和补充的作用，我把它称之为正能量食物；而有的则可能对身体产生非常有害的影响，我把它称之为负能量食物。

正能量食物

正能量食物食用后极易消化，在体内不易堆积尿酸及毒素，消化后在身上产生的能量使身体变得健康轻松和精力充沛，身心变得精细、自律和喜悦，同时产生博爱、希望和怜悯的胸怀，让心灵平和与稳定。这类食物包括所有谷类及其制品如米，麦，面，玉米，面包，不含蛋的小西点，大麦，燕麦，水果，大多数的蔬菜，牛奶与乳类制品，坚果，豆类及大豆制品如豆腐、豆浆，温和的香料等。

常见的正能量食物列举如下：

1. 茄子：“霜打茄子”是好药

在中医方剂及民间验方中，时常使用“秋后老茄子”“霜打茄子”。越来越多证据表明，茄子具有抗癌功能。曾有试验将从茄子中提取的一种无毒物质，用于治疗胃癌、子宫颈癌等收到良效。另外，茄子中含有龙葵碱、葫芦素、水苏碱、胆碱、紫苏苷、茄色苷等多种生物碱物质，其中龙葵碱、葫芦素被证实具有抗癌能力，茄花、茄蒂、茄根、茄汁皆为良药，古代就有用茄根治疗肿瘤的记载。

茄子还含有丰富的营养成分，除维生素A、维生素C偏低外，其他维生素和矿物质几乎跟西红柿差不多，而蛋白质和钙甚至比西红柿高3倍。

2. 苦瓜：李时珍称其为“一等瓜”

苦瓜受到的待遇可谓两极分化严重，不少人很“好”这一口，也有人对其敬而远之。但真正给它“好身份”的却是明代大医学家李时珍，他称其为“一等瓜”，是不可多得的抗癌瓜。

现代医学更证明，苦瓜的抗癌功效来自一种类奎宁蛋白，它是一种能激活免疫细胞的活性蛋白，通过免疫细胞做“二传手”，将癌细胞或其他不正常的细胞杀掉。苦瓜种子中含有一种蛋白酶抑制剂，能抑制肿瘤细胞分泌蛋白酶，从而抑制癌细胞的侵袭和转移。

3. 海带：可预防乳腺癌和甲状腺肿瘤

海带中药名为昆布，可预防乳腺癌和甲状腺肿瘤。海带富含碘，能预防“大脖子”病在中国已经妇孺皆知，实际上，海带还有诸多“本领”：它含的海藻酸钠与具致癌作用的锶、镉有很强的结合能力，能将它们排出体外；海带可选择性杀灭或抑制肠道内能够产生致癌物的细菌，所含的纤维还能促进胆汁酸和胆固醇的排出；海带提取物对各种癌细胞有直接抑制作用。

4. 地瓜：抗癌佳品

地瓜别名甘薯、红薯、白薯，被认为是祛病延年、减肥保健的绝佳食品。其实地瓜也有强大的防癌功能。最近科研人员在地瓜中发现了一种去氢表雄酮的物质，能预防肠癌和乳腺癌的发生。

5．南瓜：被誉为“神瓜”

在某些国家南瓜被誉为“神瓜”，因为它既可为粮，又可为菜。美国人在感恩节都要吃南瓜，以表示对南瓜的谢意。南瓜可预防肥胖、糖尿病、高脂血症和高胆固醇血症等，对癌症预防也有很好的效果。南瓜维生素A的含量之高，是常人无法想象的。另外它还含有丰富的维生素C、钙质和纤维素，非常有益身体健康。

6．麦麸：最好的防癌食物纤维

别名麸子，是小麦磨粉时脱下的种皮，过去常用作饲料，不食用。用麦麸喂牲口，牲口皮肤红润，毛发油亮，极显健康状。现在麦麸日益受到人们的重视，为了健康，西方不少机构号召人们吃全谷食物、全麦食物。

麦麸是小麦主要营养成分的“仓库”，B族维生素、硒、镁等矿物质及纤维素几乎都集中在它身上。它能预防并治疗结直肠癌、糖尿病并高胆固醇血症、高脂血症、便秘、痔疮等。因此，不少专家认为，麦麸是最好的防癌食物纤维。纽约医院医学中心一项对患者的实验研究发现，每天一份麦麸可使早期直肠息肉在 6 个月中收缩。与此同时，研究还发现，富含麦麸的饮食可降低绝经期前妇女的雌激素含量，从而减少发生乳腺癌的危险性。

7．白萝卜：根茎类蔬菜中的“健康保护神”

白萝卜别名莱菔，品种多，皆为抗癌能手，所以有农谚：“冬吃萝卜夏吃姜，一生不用跑药堂”以及“十月萝卜水人参”之说。日本、美国医学专家认为白萝卜是根茎类蔬菜中的“健康保护神”。

白萝卜具宽胸、化痰、利尿之功能，其中含有多种酶，能消除亚硝胺的致癌作用，而其富含的本质素则能刺激肌体免疫力，提高巨噬细胞的活性，增强其吞噬杀灭癌细胞的能力。

白萝卜的辣味来自芥子油，可刺激肠蠕动，促进致癌物的排出。此外，白萝卜中维生素C含量比苹果、梨高出8~10倍。

8．猕猴桃：维生素C含量居水果之冠

猕猴桃本是南方山区野果，现在已移栽到全国各地。其果实富含糖、蛋白质、类脂、维生素、有机酸及多种矿物质。猕猴桃维生素C含量居水果之冠，每100克果肉含200毫克，几乎是柑橘的100倍，西红柿的30倍，是名副其实的“天然维生素C片”，另外还含有丰富的具有保护血管功能的维生素P，营养价值甚高。最可贵的是，猕猴桃还含有其他水果中少见的镁。

对爱美的女士来说，猕猴桃是最合适的减肥食品。因为它虽然营养丰富但热量极低，其特有的膳食纤维不但能够促进消化吸收，还可以令人产生饱腹感。因此，猕猴桃是减肥与营养兼顾的最佳选择。

9．竹笋：减肥佳品

它的功能是减肥，开胃健脾，通肠排便，预防癌症，增强免疫力，清热化痰。

10．香蕉：抗疲劳的快乐果

香蕉是水果里面含微量元素钾最多的。钾被人体吸收以后，就能够帮助产生一种血清素，这个血清素就会向我们的神经末梢发出信号，让我们觉得很快乐、很愉快，所以香蕉又叫作快乐果。它还可以防便秘，也可以抗疲劳，如果老人家觉得气不够，容易疲劳，应该吃吃香蕉，是比较有帮助。

香蕉能够辅助治疗动脉硬化症，方法如下：新鲜的香蕉250克、冰糖100克、粳米100克，先用旺火把粳米煮开，煮沸以后，再加入香蕉和冰糖，慢火煮30分钟就可以了。

11．大枣：天然维生素丸

大枣最突出的特点是维生素含量高。在国外的一项临床研究显示：连续吃大枣的病人，健康恢复速度比单纯吃维生素药剂快3倍以上。因此，大枣就有了“天然维生素丸”的美誉。常食大枣可治疗身体虚弱、神经衰弱、脾胃不和、消化不良、劳伤咳嗽、贫血消瘦，其养肝防癌功能尤为突出，故有“日食三颗枣，百岁不显老”之说。

12．铁棍山药：补虚上品

铁棍山药是一味珍贵的中药材，因表皮显铁锈色，故称为铁棍山药，被历代医家所推崇。作为中药它可以制成多种丸药如六味地黄丸等供人们食用。

明朝龚延贤所著《寿世保元》载山药以河南怀庆者良；《神农本草经》将山药列为“主伤中，补虚，除寒热邪气，补中益气，长肌肉，久服聪耳明目”之上品；《日华子本草》说山药助五脏，强筋骨，长志安神，主泄精健忘；《本草纲目》认为，山药能益肾气，健脾胃，止泻痢，化痰涎。

现代药理研究证实，铁棍山药具有营养滋补、增强机体免疫力、补气通脉、镇咳祛痰、平喘等作用，能改善冠状动脉及微循环血流，可治疗慢性气管炎、冠心病、心绞痛等。铁棍山药具有补气润肺的功用，既可切片煎汁当茶饮，又可切粒煮粥喝，对虚性咳嗽及肺痨发烧患者都有很好的治疗结果。秋季天气较干燥，易伤肺津，招致阴虚，出现口干、咽干、唇焦、干咳等病症，此时进补山药最为适合，因山药是平和之品，为滋阴养肺之上品。

13．山楂：天然降脂药

山楂是天然的降脂药，主要含有山楂酸、柠檬酸、脂肪分解酸、维生素C、黄酮、碳水化合物等成分，具有扩张血管、改善微循环、降低血压、促进胆固醇排泄而降低血脂的作用。但是，山楂是酸性食物，不宜空腹食用，也不宜多食久食，最好在饭后食用。

14．香菇：消食去脂良品

香菇具有消食、去脂、降血压等养生功效。其中所含的纤维素能促进胃肠蠕动，防止便秘，减少肠道对胆固醇的吸收。香菇还含有香菇嘌呤等核酸物质，能促进胆固醇分解。常食香菇能降低总胆固醇及甘油三酯。

15．洋葱：蔬菜皇后

洋葱的防癌效果特别明显，被誉为欧美的“蔬菜皇后”。美国医学家主张每人每天吃50克左右的洋葱预防胃癌。洋葱含有硫质和人体必需的维生素，可清除体内废物，延迟皮肤老化，防止老年斑出现。它还含有在蔬菜中极少见的前列腺A_1，这是一种能降血压的物质。洋葱内还含有丰富的具有抗癌效能的微量元素硒。硒是一种极强的抗氧化剂，能加速体内过氧化物的分解，使恶性肿瘤得不到分子氧的供应，从而起到抑制肿瘤作用。同时，硒还可促使人体产生一种叫谷胱甘肽的物质，谷胱甘肽能用自身的科学“手铐”铐住致癌物质，使癌失去“毒性”，然后再通过消化道把它排出体外。

负能量食物

负能量食物常分为两类。

一类食物食用后在身上产生的能量，会使人身心变得好动，若食用过多会使人变得过分积极、烦躁不安，甚至产生憎恨、嫉妒、沮丧、恨怒、恐惧等情绪而失去镇静平和心态。

这类食物包括咖啡、浓茶、强烈的调味品、泡菜、可可、酱油、汽水等。

还有一类食物食用后在身上产生的能量，使人嗜睡、昏沉、不安，身体易生倦，身心变得粗鲁，产生慵懒和不可遏止的欲望，缺乏生命力和开创力。

这类食物包括所有的肉类、蛋、芥末、蒜、酒、烟、鸦片、大麻、麻醉品。

此外，陈腐的食物、放置过久的食物或过量的饮食也会变为负能量食物。

具体列举负能量食物如下：

1．人造的食物

如汽水、运动饮料等。

汽水会腐蚀牙齿，刺激胃酸，消耗身体中的钙质。运动饮料含钠离子太多，会造成身体电解质不平衡，加重肾脏负担，特别不宜在晚上饮用。

2．冰冻的食物

如棒冰、雪糕、冷饮等。

低温的食物会刺激食管发炎、降低胃的蠕动率以及阻塞气脉。

3．刺激性的食物

如烟、酒、咖啡、可可、茶及含咖啡因的饮料等。

烟会阻塞气脉，酒会麻痹脑神经，咖啡会刺激心脏，可可对肾、肝、大肠不好，茶会刺激胃。

4．烧、烤、油炸的食物

如烧饼、油条、方便面等对肝不好。

5．不易消化的食物

炒饭、炒面因含有很多油，而糯米饭因有黏性不易消化，都对胃不好。

6．加太多调味料的食物

蒜、葱、辣椒、胡椒都会刺激口腔、食管及内脏。

7．含防霉剂、抗氧化剂、防腐剂的食物

含有这些东西的食物，会破坏肝、脑、神经系统，最好不要吃。

总之，我们在选择食物时除了考虑对自身的影响外，也要考虑到与万物的和谐关系，因此我们建议选择食物时：

（1）除非治疗身体疾病的需要，多吃正能量食物，少吃或者不吃负能量食物。

（2）多吃含叶绿素的蔬果。

（3）尽可能地选择意识发展比较低的物种为食物。

（4）要宰杀已有意识或意识尚未发展的动物之前，先考虑一下不杀取这些动物时，人类是否也能健康地生活。这也就是存在慈悲心会让我们身体的正能量得到蓄积的道理。

了解食物的消化时间，有效辅助静坐

下面，我们来了解一下食物的消化时间，这对于进餐后多久开始练习静坐具有重要的作用。

不同种类食物的消化时间：

（1）水果类。0.5~1小时，瓜类水果（如西瓜）最短，而香蕉最长。

（2）蔬菜类。0.75~2小时，瓜类蔬菜（如冬瓜）最短，其次为茄果类蔬菜（如番茄、茄子），之后是叶类蔬菜（如菠菜、小白菜）和十字花科类蔬菜（如西兰花），消化时间最长的是根茎类蔬菜（如地瓜、芋头）。

（3）谷物类。1.5~3小时，流质或半流质的谷物食品（如粥）消化时间较短，经过发酵且没有添加油脂的食物（如馒头、不含油脂的面包）也比较容易消化。

（4）蛋白质。1.5~4小时，牛奶、豆浆等流质蛋白质食品比较易消化，而要将牛肉、鸡肉等蛋白质丰富的肉类完全消化则需要4小时或更长时间。

（5）脂肪。2~4小时，但是我们很少会单独摄取脂肪，通常是和蔬菜或谷物一同摄取。脂肪与谷物或蛋白类食物共同摄入时，会延长它的消化时间，所以类似蛋糕这种包含大量油脂、蛋白质和碳水化合物的食品会对肠胃造成较大负担，大概需要3~4小时才能完全消化。

静坐并非要在饥肠辘辘的情况下才能练习，太过饥饿时人体血糖水平大幅度下降，反而不利于练习。在三分饱的状态下练习是比较合适的，如果你在练习前1小时只吃了水果或容易消化的蔬菜或是只喝了一些粥，那么你大可不必因为它们而放弃练习。

调好睡眠好静坐

如前文所述，调睡眠是练习静坐重要的“五调之一”，可平时应该怎样调睡眠呢？

记得有一次和寺院一位禅修多年的老法师在一起聊天，主要讲的就是日常生活习惯和静坐之间的关系，听完之后，获益匪浅。就像老法师所说的：“理儿就是那个理儿，别看糙，管使。”

第一条：每天晚上子时之前一定要睡着觉

现在很多医生都会告诫病人，要在晚上11点前睡觉，而且必须在11点钟之前睡着。如果每天子时（相当于晚上11点至凌晨1点）前不睡觉，很多老僧医就会说“不给你治了”。其实不是不给治，而是治不好了。因为在少林寺的养生概念中睡觉是人生第一件大事。

为什么这样说呢？

我们都知道日有日的规律，月有月的循环，年有年的往复。生物节律与人的健康关系是十分密切的。如果人的“生物钟”的运转和大自然的节律合拍、和谐、融洽，就能“以自然之道养自然之身”。这是起居养生中必须遵循的重要一点。

曾有一居士向禅师请教：“为何太阳晨升暮落，人有生老病死？”禅师说“运也”，并讲了下面这番道理：公鸡破晓啼鸣，蜘蛛凌晨4点织网，牵牛花凌晨4点开放。这些奇妙的现象，说明在大自然里，一切大小生物的活动都表现为一定的节律性。

在农村生活过的人，常常夜晚会在庄稼地里听到拔节的声音。这就是植物白天吸收了太阳能量之后，晚上细胞分裂以促生长的声音。

人和植物同属于生物，细胞分裂的时间段大致相同，白天活动产生能量，晚上开始进行细胞分裂，推陈出新。而且阴主静，晚上人随着地球旋转到背向太阳的一面（阴面），正是老天让人休养生息的良辰，所以睡觉多的婴儿长得胖、长得快，而爱闹觉的孩子发育不良就是这样的道理。如果错过夜里睡觉的良辰，细胞的新生远赶不上消亡，人就会过早地衰老或患病。人要顺其自然，就应跟着太阳走，即天醒我醒，天睡我睡。人在太阳面前小如微尘，“与太阳对着干”是愚蠢的选择，迟早会被太阳巨大的引力摧垮。这是客观真理。

从医学上看来，亥时（晚上9—11点）三焦经旺，三焦通百脉。亥时入眠，百脉皆得濡养，故百岁老人的共同特点即晚上9点（亥时）之前入睡。女性若想长久地保持容颜姣好，就要做到早睡早起。

子时（晚上11点至凌晨1点），胆经最旺，如若不睡，大伤胆气，由于十一脏皆取决于胆，胆气虚，全身脏腑功能下降，代谢力、免疫力也纷纷降低。胆气支持中枢神经，胆气受伤易患各种精神疾病，比如抑郁症、精神分裂症、强迫症、躁动症等。子时胆经渐旺而人如不卧，则胆汁更替不利，过浓而结晶成石，久之即得胆结石，如果把胆给摘了，人就胆怯了，全身的免疫力下降50%以上，所以按照少林医学的观点千万不能摘，要用胆本身系统的巨大潜能把结石化掉。

丑时（凌晨1—3点）肝经最旺，丑时不眠，肝无法解除掉有毒之物产生新鲜血液，又因藏血不利，面呈青色，久之易患各类肝病，大都是因为违反自然规律过了子时不睡觉造成的。甲肝比较好治，乙肝就很难治。乙肝病毒携带者，多是由于晚上经常不睡觉，人太虚弱了，也就是说秩序太乱了，病毒已经到了细胞里了。只不过暂时病毒还没有能力造成肝炎，当人身体处于免疫最薄弱的时候就形成肝炎，乙型肝炎就意味着将来有40%～60%的机会患肝硬化。

不遵守交通规则就会出车祸，不按时睡眠会生病。熬夜的人，无论男女，直接伤肝，日久伤肾，逐步造成身体气血双亏，每天照镜子时会觉得脸上灰土一片。这时候就是天天吃营养品，天天锻炼身体，也不能挽回睡眠不足或者睡眠不好带来的伤害。因此，早起没关系，但晚睡绝对不行。尤其是总感觉精神郁闷的人，肯定是睡得太晚，伤肝伤精伤胆所致。这样的人，眼睛往往也不好使，心情多抑郁，快乐的时候不多（肺气也受影响，长期得不到有效宣发的原因）。还有的人认为晚上睡得晚了，白天可以补回来，其实根本补不回来，即使感觉补过来了，其实身体气血已经损伤大半了。

所以失眠或真要夜里熬夜的人，正子时的时刻，即使有天大的事也要停下来，睡它半小时，睡不着也要训练自己睡着。

过了正子时以后，你不会想睡了，这很糟糕。更严重的，到了天快亮，凌晨四五点钟卯时的时候，你又困得想睡，这时如果一睡，整天都会头昏。

第二条：睡时宜一切不思

静卧枕上，鼻息调匀，自己静听其气，由粗而细，由细而微细而息。视此身如无物，或如糖入于水，先溶化大脚趾，然后是其他脚趾，接着脚、小腿、大腿逐渐融化，最后化为乌有，自然睡着。如有思想，切勿在床上辗转反侧，此最耗神，可起坐一时再睡。实际上，对于现代人来说，要想在晚上11点前入眠，早早地上床酝酿也很关键，给心一段慢慢沉静下来的时间。中医认为，人睡觉是“先睡心，后睡眼”，说的就是这个道理。

如果还是睡不着，可以在睡觉前简单的压腿，然后在床上自然盘坐或者跏趺坐，两手重叠放于腿上，自然呼吸，感觉全身毛孔随呼吸一张一合，若能流泪打哈欠效果最佳，到了想睡觉时倒下便睡。

第三条：午时宜小睡或静坐养神

午时，即上午11点至中午1点，为阴生之时。此时如不能睡，可静坐1刻钟，闭目养神，则心气强。凡有心脏病者应注意，每日于此二时小休一会儿，则元气日强，无心跳、腹泻或小便频速之病。

经常静坐的读者应该体会很深，正午只要闭眼真正睡着3分钟，等于睡2小时，不过要对好正午的时间。夜晚则要在正子时睡着，5分钟等于6小时。

这里面的学问就很大了，简单的睡觉同宇宙法则、地球法则、易经阴阳的道理有直接的关系，顺应规律去睡觉，坚持一段时间你会感觉到，心脏下面有一股力量降下来，与丹田的力量融合，所谓“水火既济”，豁然一下，那你睡眠就够了，精神百倍。

第四条：睡眠一定要早起

即使在冬天，也不可超过凌晨6点起床，春夏秋季尽量在凌晨5点之前起床，因为人在寅时（凌晨3—5点）肺经旺的时候起床，能够使肺气得以舒展，以顺应阳气的舒长，来完成新陈代谢，肃降浊气，这样有助于养肺和顺应太阳的天势升起人体阳气，使人一天阳气充足。否则，就好像发动机，过了这段好时机就很难发动人体阳气，人体阳气淤积在下部不能由命门向上发动升起，会形成淫气，严重损害人的身心健康。

早晨5—7点是人体大肠经最旺的时候，人体需要把代谢的浊物排出体外，此时如果不起床，大肠得不到充分活动，无法很好地完成排浊功能，使浊物停留而形成毒素，危害人体血液和脏腑百骸。

早晨7—9点人体胃经最旺，9—11点人体脾经最旺，这时人的消化吸收运化的能力最好，正是享用早餐以吸收营养的时间。如果这时还不起床，胃酸会严重腐蚀胃黏膜，人体在最佳吸收营养时间得不到营养，长此以往会患脾胃疾病，造成营养不良、中气塌陷。所以千万不要赖床，赖床会造成头昏、疲惫不堪、睡眠不足。历史上许多名人都有凌晨三四点钟起床的习惯，比如华盛顿、拿破仑、康熙皇帝、曾国

落等。

另外早起能增加工作效益，俗话说："三天早起，一天工。"现代医学证明，早睡早起的人精神压力较小，不易患精神类疾病。早晨不要太早出去锻炼，因为早晨在太阳没有出来之前，地下的瘴气、浊气正往上走（尤其是城市），这些邪气对人体损伤是很严重的。

第五条：睡眠的起居注意

了解睡觉的规律就像了解交通规则，你不懂就容易出事故。

注意睡觉一定要关窗，不能开风扇、不能开空调，人生病很多都与此有关。因为人在睡眠之中，气血流通缓慢，体温下降，身体表面会自然形成一个阳气层，叫"鬼魅不侵"，什么意思呢？阳气足的人，不做噩梦，就是这种阳气占了上风。开空调、开风扇，情况就不一样了，开窗户，窗户走的是风，风入的是筋，如果开空调，也有风，风入筋，寒入骨，早上起来，身上发黄，脸发黄，脖子后面那条筋发硬，骨节酸痛，甚至有人就开始发烧，这就是风和寒侵入到了筋和骨头里的缘故，也就是气受伤了。

所以说晚上睡觉不开窗，不开空调，不开风扇，连房门也关上，效果最好。如果热，把房门打开，把窗户关上，效果就差了一点，但是不至于第二天早上起来浑身乏力，后背僵硬。

记得我读书的时候，夏天很热就睡在屋顶上，虽然有风吹着能够睡着，但是早上起床总是觉得身体很倦，不解乏，原因就在这里。所以夏日炎炎，各位要是实在太热的话，可以将房门窗户关上，然后打开空调，不要待在房间，出去散步，回来后房间温度降了下来，关空调，训练自己尽快进入睡眠。这是夏天养生之大法。有人问把客厅的空调打开，然后再把卧室的门打开行不行，其实这和直接开空调睡觉是差不多的，开了空调以后，空调那个寒进了骨，所以心里发冷，怎么办？补肾阳、补中气，什么时候补到心里不冷，烧就退了，寒就出去了。

晚上不能暴饮暴食。中医说：胃不和则卧不安。肝胆在下焦，如果胃出现问题的时候，就会出现寝睡不安，一个是胃寒，如果这个人胃阳本来就不足，过多地喝绿茶，就会出现胃寒，胃寒的时候人是睡不好觉的；再一个是胃热，就是热气往上走，嘴里喘的都是热气，像这种情况也睡不好觉；再一个是胃燥，口干舌燥，胃里感觉到燥；还有一个就是胃厚，这种情况就是吃了那种厚腻的味道，比如吃海鲜、鱼、炖鸡，味道好鲜美，吃多了，这些东西在胃里面要得到稀释，不稀释它，肚子就闷闷的，所以也睡不好觉；再一个腹胀，肚子胀鼓鼓的，翻来覆去也睡不着；再一个是胃气太虚，冒冷汗，这也睡不好觉。所以中医提倡晚上吃少，尽量不要暴饮暴食，这看似影响的是胃，其实危害最大的是睡眠。

睡觉时四肢要暖。因为四肢是阳之本，这个大家都知道，四肢不暖，肯定是肾阳不足，应该在睡觉之前把手脚捂暖，同时手脚和肚脐、背后的命门都要盖好。教平时肾阳虚的人一个好方法，就是治疗期间睡觉时穿上棉袜子和戴上手套睡觉，刚开始可能不太习惯，慢慢就好了，坚持一段时间效果会非常明显。

关于睡觉的姿势，入睡快的人可右侧卧，右手掌托右耳。右掌心为火，耳为水，二者形成水火即济，在人体中形成心肾相交。久之，养心滋肾。

总之，按照以上几个原则把睡眠调好了，对于练习静坐具有极大的促进作用，读者不可不知。

附录：先贤静坐心悟集萃

附录1：历代静坐诗抄

历朝历代静坐的先贤们勤于练习静坐，并且从静坐中获得了很多受用的东西，为了把这种欢喜心留下来，于是有了很多在家和出家人的诗赋，读之津津有味，现摘抄下来，希望能让学习静坐的同道们更增进步之心。

静坐

静坐杳无念，临流望远天；
浪花圆复破，云气断还连。
狎水轻鸥去，摩空野鹳还；
如何此时意，不得向人传。

望湖亭坐月

树迴笼烟合，湖平印月空；
片云传远谷，一鸟度高风。
妙悟世情外，真机独坐中；
物交吾不役，转觉此身雄。

山中杂诗

开窗北山下，日出竹光朗；
楼中人兀然，鸟雀时来往。
晏坐不觉瞑，明月上东阁；
相对两悠然，时闻木叶落。
寒风客衣薄，依岩曝朝旭；

坐久不知还，山童报黍熟。
时穿深竹坐，翠叶于室密；
落日照前山，松间一僧出。

觉庵

念起则为凡，觉之则为圣；
人言此为觉，此觉未真正。
但了一切空，圣凡皆幻影；
晏坐不言中，澄心如古井。

新秋

淡淡秋光点晚庭，新凉闲望远山青；
性情偏觉乡居好，四壁虫声趺坐听。
心传一句静中参，趺坐山门对夕岚；
平淡生涯还自得，秋灯深夜共僧谈。

独坐

频向心头认故吾，太虚云海月模糊；
公余独坐真堪笑，天下本来一事无。

山中立秋偶书

风吹蝉声乱，林卧惊影秋；
山池静澄碧，暑气亦已收。
山峰出白云，突兀成琼楼；
袒裼坐溪石，对之心悠悠。
倏忽无念定，变化不可求；
浩然发长啸，忽起双白鸥。

咏怀

尽日松下坐，有时池畔行；
行立与坐卧，中怀淡无营。
不觉流年过，亦任白发生；
不为世所薄，安得逐闲情。

赛山子诗

岩后独静坐，圆月当天耀；
万象影现中，一轮本无照。
廓然神自清，含虚洞玄妙；
因指见其月，月是心枢要。

高高峰顶上，四顾极无边；
独坐无人知，孤月照寒泉。
泉中且无月，月自在青天；
吟此一曲歌，歌终不是禅。

夜坐庵前

人定乌栖息，庵前聊倚栏；
徘徊明月上，正在修篁端。
清影冰玉碎，疏音环佩珊；
倏然耳目静，觉此宇宙宽。
人生甘物役，汩没红尘间；
晏坐得俄顷，境幽心已闲。
谅能长无争，自可驻朱颜；
所以学道人，市隐类深山。

游花岩

镇扫经龛一炷香，忘言趺坐伴琴堂；
春来禅意超空色，任使桃花着靓妆。

坐断时空老衲家，萧然静对白梅花；
青山窗外伸头看，看我庵中煮苦茶。

烹雪山堂万象闲，世缘终浅笑香山；
主人待客传心法，吹火龙潭夜坐关。

附录2：先贤大德关于静坐的指示

道元大师的《坐禅仪》说：“而乃放舍诸缘，休息万事。身心一如，动静无间。量其饮食，不多不少，调其睡眠，不节不恣。结跏趺坐，先以左足安右股上，右足安左股上，或半跏趺，或以左足压右足，皆可。次以左掌安右掌上，以两大拇指头相拄。徐徐举身，良久，复左右摇振，乃正身端坐。不得左倾右侧，前俯后仰。令腰脊头顶，骨节相拄，状如浮屠。令耳与肩对，鼻与脐对。舌拄上颚。唇齿相着。目须微开，免致昏睡。身相既定，气息既调，宽放脐腹。一切善恶，都莫思量。念起即觉，觉之即无。久久忘缘，自成一片。若得此意，自然四大轻爽，所谓安乐法门也。若已发明者，如龙得水，未发明者，但办肯心，必不相赚。出定之时，徐徐动身，安详而起。一切时中，护持定力，如护婴儿，则定力易成矣。所以探珠宜静浪，动水取应难。定水澄清，心珠自现。故《圆觉经》云：‘无碍清净慧，皆因禅定生。’是知超凡越圣，必假静缘；坐脱立亡，须凭定力。最为急务也。”

龙树菩萨《大智度论》卷七，论结跏趺坐的理由说：“问曰：多有坐法，佛何以故唯用结跏趺坐？答曰：诸坐法中，结跏趺坐最安稳，不疲极。此是坐禅人坐法。摄持手足，心亦不散。又于一切四种身仪中最安稳……以是故结跏趺坐。复次，佛教弟子应如是坐。有外道辈或常翘足求道，或常立，或荷足。如是狂狷，心没邪海，形不安稳。以是故，佛教弟子结跏趺直身坐。何以故？直身心易正故。其身直坐，则心不懒，端心正意，系念在前。若心驰散，摄之令还。”

又《大智度论》卷二十一，论最初下手时，制心一处的方法说：

"初学系心缘中，若眉间，若额上，若鼻端。"

天台智者大师《修习止观坐禅法要》中论调饮食说："夫食之为法，本欲资身进道。食若过饱，则气急身满，百脉不通，令心闭塞，坐念不安；若食过少，则身羸心悬，意虑不固。此二皆非得定之道。若食秽浊之物，令人心识昏迷，若食不宜之物，则动宿疾，使四大违反。此为修定之初，须深慎之也，故经云：身安则道隆，饮食知节量，常乐在空闲，心静乐精进。"

又论调睡眠说："夫眠是无明惑覆，不可纵之。若其眠寐过多，非唯皮修圣法，亦复丧失功夫，而能令心暗昧，善根沉没。当觉悟无常，调伏睡眠，令神气清白，念心明净，如是乃可栖心圣境，三昧现前，故经云：初夜后夜，亦勿有废。无以睡眠因缘，令一生空过，无所得也。"

又论入坐时调身说："夫初欲入禅调身者，行人欲入三昧，调身之宜，若在定外，行住进止，动静运为，悉须详审。若所作粗犷，则气息随粗，以气粗故，则心散难录，兼复坐时烦愦，心不恬怡。身虽在定外，亦须用意逆作方便。后入禅时，须善安身得所。初至绳床，即须先安坐处，每令安稳，久久无妨。次当正脚，若半跏坐，以左脚置右脚上，牵来近身，令左脚指与右股齐。若欲全跏，即以右脚置左脚上。次解宽衣带周正，不令坐时脱落。次当安手，以左手掌置右手掌上，重累手相对，顿置左脚上，牵来近身，当心而安。次当正身，先当挺动其身，并诸支节，作七八反，如自按摩法，勿令手足差异。如是已，则端直，令脊骨勿曲勿耸。次正头颈，令鼻与脐相对，不偏、不斜、不低、不昂，平面正住。次当口吐浊气。吐气之法，开口放气，不可令粗急，以之绵绵，恣气而出。想身分中百脉不通处，放息随气而出。闭口，鼻纳清气，如是至三；若身息调和，一次亦足。次当闭口，唇齿才相拄着，舌向上颚。次当闭眼，才令断外光而已。当端身正坐，犹如奠石，无得身首四肢，偶尔摇动。是为初入禅定调

身之法，举要言之，不宽不急，是身调相。”

又论入坐时调息说：“初入禅调息法者，息有四种相，一风、二喘、三气、四息。前三为不调相，后一为调相。云何为风相？坐时则鼻中息出入，觉有声，是风也。云何喘相？坐时息虽无声，而出入结滞不通，是喘相也。云何气相？坐时息虽无声，亦不结滞，而出入不细，是气相也。云何息相？不声、不结、不粗，出入绵绵，若存若亡，姿神安稳，情抱悦豫，此是息相也。守风则散，守喘则结，守气则劳，守息即定。坐时有风喘气三相，是名不调。而用心者复为心患，心亦难定，若欲调之，当依三法。一者下著安心（即系心脐间或脐下）；二者放宽身体；三者想气遍毛孔出入，通行无障。若细其心，令息微微然，息调则众患不生，其心易定。是名行者初入定时，调息方法。举要言之，不涩不滑，是息调相。”

又论入坐时调心说：“何等为沉相？若坐时，心中昏暗。无所记录，头好低垂，是为沉相。尔时，当系念鼻端，令心住在缘中，无分散意，此可治沉。何等为浮相？若坐时，心好飘动，身亦不安，念外异缘，此是浮相。尔时，宜安心向下，系缘脐中，制诸乱念，心即安住，则心易安静。举要言之，不沉不浮，是心调相。”

又论坐中及出坐时调和身、息、心三事说：“若坐时，向虽调身竟，其身或宽、或急、或偏、或曲、或低、或昂，身不端直，觉已随正，令其安稳，中无宽急，平直正住。复次，一坐之中，身虽调和，而气不调和。不调和相者，如上所说，或风、或喘、或复气急，身中胀满，当用前法随而治之，每令息道绵绵，如有如无。次一坐中，身息虽强，而心浮沉宽急不定；尔时若觉，当用前法，调令适中。此三事，的无前后，如不调者，而调适之。令一坐之中，身、息及心，三事调适，无相乖越，和融不二。此则能除宿患，妨障不生，定道可克。”又说：“行人若坐禅将竟，欲出定时，应先放心异缘，开口放气，想从百脉随意而散。然后微微动身，次动肩膊及手、头、颈、次动二足，悉令柔软；次以手摩诸毛孔，次摩手令暖，以掩两腿，然后开之，待身热稍歇，方可随意出入，若不尔者，坐或得住心，出既顿促，则细法未散，住在身中，令人头痛，百骨节僵，犹如风劳，于后坐中，烦躁不安，是故心欲出定，每须在意。此为出定调身、息、心方法。”

又论坐中对治粗乱修止观说：“一者修止，自有三种，一者系缘守境止，所谓系心鼻端，脐间等处，令心不散故，经云：系心不放逸，亦如猿著锁。二者制心止，所谓随心所起，即便制之，不令驰散故。经云：此五根者，心为其主，是故汝等，当好止心。此二种皆是事相，不须分别。三者体真止，所谓心所念一切诸法，悉知从因缘生，无有自性，心不取；若心不取，则妄念心息，故名为止。如经中说云：一切诸法中，因缘空无主，息心达本源，故号为沙门。……二者修观，有二种。一者对治观，如不净观，对治贪欲；慈心观，对治瞋；界分别观对治着我；数息观，对治多寻思等。二者正观，观诸法无相，并是因缘所生，因缘无性，即是实相。了先所观之境，一切皆空，能观之心，自然不起。”上面所说的各种止观，都是以后后破前前，由浅入深的修定方法，制心止是破系缘止，体真是破制心止。观亦如此。

智者大师《释禅波罗密经》卷三论修系缘止说：“若系心鼻端者，鼻是风门，觉出息入息，念念不住，易悟无常，亦以扶本安般（即数息观）之习，心静能发禅定，若系心脐下，脐是气海，亦曰中宫，系心在脐，能除众病，或时内见三十六物，发特胜等禅。”

又论修制心止说：“心非形色，亦无所处，岂可系之在境。但是妄想缘虑，故须制之。心若静止，则不须制之。但凝其心，息诸乱想，即是修止。”

又论修体真止说：“以正智慧，体一切阴、入、界、三毒、九十八使及十二因缘等，三界因果诸法，悉皆空寂……若行者体知一切诸法如虚空者，无取无舍，无依无倚，无住无著。若心无取，舍、依、倚、住、著，则一切妄想颠倒，生死业行，悉皆止息。无为无欲，无念无行，无造无作，无示无说，无净无竞，泯然清净，如大涅槃，是名真止。此则止无所止，无止之止，名体真止。”

智者大师《六妙法门》论数、随、止、观、还、净六种修定方法的次第相生说：“数有二种，一者修数，二者证数。修数者，行者调和气息，不涩不滑，安详徐数，从一至十，摄心在数，不令驰散，是名修数。证数者，觉心任运从一至十，不加功力，心住息缘。觉息虚微，心相渐细，患数为粗，意不欲数，尔时行者应当放数修随。

“随亦有二，一者修随，二者证随。修随者，舍前数法，一心依随息之出入。摄心缘息，知息入出，心住息缘，无分散意，是名修随。证随者，心既微细，安静不乱，觉息长短，遍身入出，心息任运相依，意虑恬然凝静。觉息为患，心厌欲舍，如人疲极欲眠，不乐众务，尔时行者应当舍随修止。

“止亦有二，一者修止，二者证止。修止者，息诸缘虑，不念数随，凝寂其心，是名修止。证止者，觉身心泯然入定，不见内外相貌，定法持心，任运不动。行者是时，即作是念，今此三昧，虽复无为寂静，安隐快乐，而无慧方便，不能破坏生死。复作是念，今此定者，皆属因缘，阴、界、入法，和合而有，虚诳不实，我今不见不觉，应须照了。作是念已，即不着止，起观分别。

“观亦有二，一者修观，二者证观。修观者，于定心中，以慧分别，观于微细出入息相，如空中风，皮肉筋骨，三十六物，如芭蕉不实。心识无常，刹那不住，无有我人。身、受、心、法皆无自性。不得人法，定何所依，是名修观。证观者，如是观时，觉息出入，遍诸毛孔，心眼开明，彻见三十六物及诸户虫，内外不净，刹那变易，心生悲喜，得四念处，破四颠倒，是名证观。观相既发，心缘观境，分别破析，觉念流动，非真实道，尔时应当舍观修还。

“还亦有二，一者修还，二者证还。修还者，既知观从心生，若从析境，此即不会本源，应当观反观心。此观心者从何面生？为从观心生？为从不观心生？若从观心生，即已有观，今实不尔。所以者何？数、随、止三法中，未有即观故。若从不观心生，不观心为灭生？为不灭生？若不灭生，即二心并。若灭法生，灭法已谢，不能生观。若言亦灭亦不灭生，乃至非灭非不灭生，皆不可得。当知观心本自不生，不生故不有，不有故即空，空故无观心。若无观心，岂有观境，境智双亡，还源之要也，是名修还相。证还相者，心慧开发，不加功力，任运自能破析，返本还源，是名证还。行者当知，若离境智，欲归无境智，不离境智缚，以随二边故。尔时当舍还门，安心净道。

“净亦有二，一者修净，二者证净。修净者，知色净故，不起妄想分别，受、想、行、识，亦复如是。息妄想垢，是名修净，息分别垢，是名修净；息取我垢，是名修净。举要言之，若能心如本净，是名修净，亦不得能修所修及净不净，是名修净。证净者，如是修时，豁然心慧相应，无碍方便，任运开发，三昧正受，心无依恃。证净有二，一者相似证，五方便相似无漏道慧发。二者真实证，苦法忍乃至第九无碍道等，真无漏慧发也。三界垢尽，故名证净。”

又论上述六种方法的随相宜而修说：“夫行者欲得深禅定智慧，乃至实相涅槃，初学安心，必须善巧。云何善巧？当于六妙法门，悉知悉觉，调伏其心，随心所便，可以常用。所以者何？若心不便，修治即无益。是故初坐时，当识调心学数，次当学随，复当学止、观、还等，各各经数日。学已，复更从数随乃至还净，安心修习，复各经数日。如是数反，行者即应自知心所便宜。若心便数，当以数法安心，乃至净亦如是。随便而用不简次第。如是安心时，若觉身安息调，心静开明，始终安固，当专用此法，必有深利。若有妨生，心散昏塞，当更随便转用余门，安即为善，可以常轨。是则略明初学善巧安心六妙门，是知便宜用心大意。”